FRUCHT DES GEISTES

Übungsbuch für Anfänger

Frucht des Geistes – Übungsbuch für Anfänger

Alle Rechte vorbehalten. Durch den Kauf dieses Übungsbuchs darf der Käufer die Übungsblätter nur für den persönlichen Gebrauch und den Unterricht, jedoch nicht für den kommerziellen Weiterverkauf kopieren. Mit Ausnahme der oben genannten Bestimmungen darf dieses Übungsbuch ohne schriftliche Genehmigung des Herausgebers weder ganz noch teilweise in irgendeiner Weise reproduziert werden.

Bible Pathway Adventures® ist eine Marke von BPA Publishing Ltd.

ISBN: 978-1-989961-61-2

Autor: Pip Reid
Kreativdirektor: Curtis Reid
Übersetzer: Daniel Friedrich

Für kostenlose Bibelmaterialien und Lehrerpakete mit Malvorlagen, Arbeitsblätter, Quizfragen und mehr besuchen Sie unsere Website unter:

shop.biblepathwayadventures.com

Einführung

Freuen Sie sich darauf, Ihren Kindern etwas über die Bibel beizubringen - mit unserem Übungsbuch „*Frucht des Geistes für Anfänger*". Es ist vollgepackt mit detaillierten Unterrichtsplänen, Malvorlagen, lustigen Arbeitsblättern und Rätseln, die Erziehern wie Ihnen helfen, Kindern einen biblischen Glauben zu vermitteln. Inklusive Bibelstellenangaben (Schlachter-Bibel) zum einfachen Nachschlagen von Bibelversen und einem praktischen Lösungsschlüssel für Lehrer und Eltern.

Bible Pathway Adventures hilft Pädagogen, Kindern den biblischen Glauben auf spielerische und kreative Weise zu vermitteln. Wir tun dies mit unseren Übungsbüchern und kostenlosen, druckbaren Rätselseiten - verfügbar auf unserer Website: www.biblepathwayadventures.com

Vielen Dank, dass Sie dieses Übungsbuch erworben haben und unseren Dienst unterstützen. Jedes gekaufte Buch hilft uns, unsere Arbeit fortzusetzen und Familien und Missionen auf der ganzen Welt kostenlose Klassenzimmerpakete und Ressourcen zum Bibelstudium zur Verfügung zu stellen.

Die Suche nach der Wahrheit macht mehr Spaß als die Tradition!

Inhaltsverzeichnis

Einführung 3
Früchte des Nahen Ostens 7

Lektion Eins: Liebe 8
Labyrinth: Von Jerusalem nach Jericho 10
Bibel-Wortsuchrätsel: Der barmherzige Samariter 11
Arbeitsblatt: Öl und Wein 12
Arbeitsblatt: Teile eines Esels 13
Arbeitsblatt: Die Zahl drei 14
Arbeitsblatt: Zwei Silbermünzen 15
Malvorlage: Das ist die Liebe zu Gott 16
Arbeitsblatt: Wen liebst du? 17

Lektion Zwei: Freude 18
Karten-aktivität: Die Reise des Paulus 20
Arbeitsblatt: Freudvoll im Gefängnis? 21
Bibel-Wortsuchrätsel: Singen für Gott 22
Bibel-Basteln: Papierketten 23
Arbeitsblatt: Ich kann beten, wenn ich… 24
Arbeitsblatt: S steht für singen 25
Arbeitsblatt: Paulus & Silas im Gefängnis 26
Malvorlage: Mein Geist frohlockt 27

Lektion Drei: Frieden 28
Arbeitsblatt Alphabet: Daniel 30
Bibel-Wortsuchrätsel: Daniel in der Löwengrube 31
Arbeitsblatt: In der Löwengrube 32
Arbeitsblatt: Weniger Löwen…mehr Löwen… 33
Arbeitsblatt: Teile eines Löwen 34
Arbeitsblatt: Zu wem betet Daniel? 35
Malvorlage: Vertraue Gott von ganzem Herzen 36
Spiele: Gott vertrauen 37

Lektion Vier: Geduld **38**
Karten-Aktivität: Nach Ägypten… 40
Bibel-Wortsuchrätsel: Joseph in Ägypten 41
Arbeitsblatt: Joseph im Gefängnis 42
Arbeitsblatt: Der Pharao 43
Arbeitsblatt: Die Träume des Pharao 44
Arbeitsblatt: Josephs Wagen 45
Aktivität: Einen Brief verschicken 46
Arbeitsblatt zum Ausmalen: Geduld 47

Lektion Fünf: Freundlichkeit **48**
Karten-Aktivität: Galiläa 50
Bibel-Wortsuchrätsel: Steh auf und geh! 51
Arbeitsblatt: Die Zahl vier 52
Arbeitsblatt: Oben und unten 53
Malvorlage: Ein großes Wunder! 54
Arbeitsblatt: G steht für Glaube 55
Arbeitsblatt: Freundlich sein 56
Malvorlage: Freundlichkeit 57

Lektion Sechs: Güte **58**
Arbeitsblatt: Wer ist der König der Israeliten? 60
Arbeitsblatt: Der Hohepriester 61
Verbinde die Punkte: Das Buch des Gesetzes 62
Arbeitsblatt: Die Israeliten hören das Gesetz 63
Arbeitsblatt: Die zehn Gebote 64
Malvorlage: Pessach 66
Arbeitsblatt Alphabet: P steht für Pessach 67
Bibel-Wortsuchrätsel: Gott ist gütig 68
Malvorlage: Er ist gütig 69

Lektion Sieben: Treue **70**
Karten-Aktivität: Abrahams Reise 72
Bibel-Wortsuchrätsel: Gott beruft Abraham 73
Arbeitsblatt: Gottes Verheißungen 74
Arbeitsblatt: Auf geht's! 75
Arbeitsblatt: Sterne am Himmel 76

Arbeitsblatt: Drei Besucher	77
Arbeitsblatt: Kannst du Anweisungen folgen?	78
Malvorlage: Gottes Wort ist wahr	79

Lektion Acht: Sanftmut 80
Arbeitsblatt: Leben in der Wüste 82
Arbeitsblatt zum Alphabet: M steht für Mose 83
Bibel-Wortsuchrätsel: Mein Knecht Mose 84
Arbeitsblatt: Aaron und Miriam 85
Arbeitsblatt: Die Stiftshütte 86
Arbeitsblatt: Halten, denken, sprechen! 87
Arbeitsblatt: Ursache und Wirkung 88
Malvorlage: Frucht des Geistes 89

Lektion Neun: Selbstbeherrschung 90
Arbeitsblatt: Gesucht! 92
Bibel-Wortsuchrätsel: Wo ist David? 93
Arbeitsblatt: Hilf David, die Höhle zu finden 94
Arbeitsblatt: Männer in der Höhle 95
Arbeitsblatt: Sauls Gewand 96
Arbeitsblatt: Drinnen und draußen 97
Arbeitsblatt: Ich zeige Selbstbeherrschung, indem ich… 98
Malvorlage: Selbstbeherrschung 99

Handwerk & Projekte
Frucht des Geistes-Mobile 101
Frucht des Geistes-Banner: Liebe 105
Frucht des Geistes-Banner: Freude 107
Frucht des Geistes-Banner: Frieden 109
Frucht des Geistes-Banner: Geduld 111
Frucht des Geistes-Banner: Freundlichkeit 113
Frucht des Geistes-Banner: Güte 115
Frucht des Geistes-Banner: Treue 117
Frucht des Geistes-Banner: Sanftmut 119
Frucht des Geistes-Banner: Selbstbeherrschung 121

Lösungsschlüssel 123
Entdecken Sie weitere Übungsbücher! 126

Früchte des Nahen Ostens

Im alten Israel aßen die Menschen viele Arten von Früchten. Du kannst über diese Früchte in der Bibel lesen. Welche Früchte aus dem Land Israel hast du gegessen?

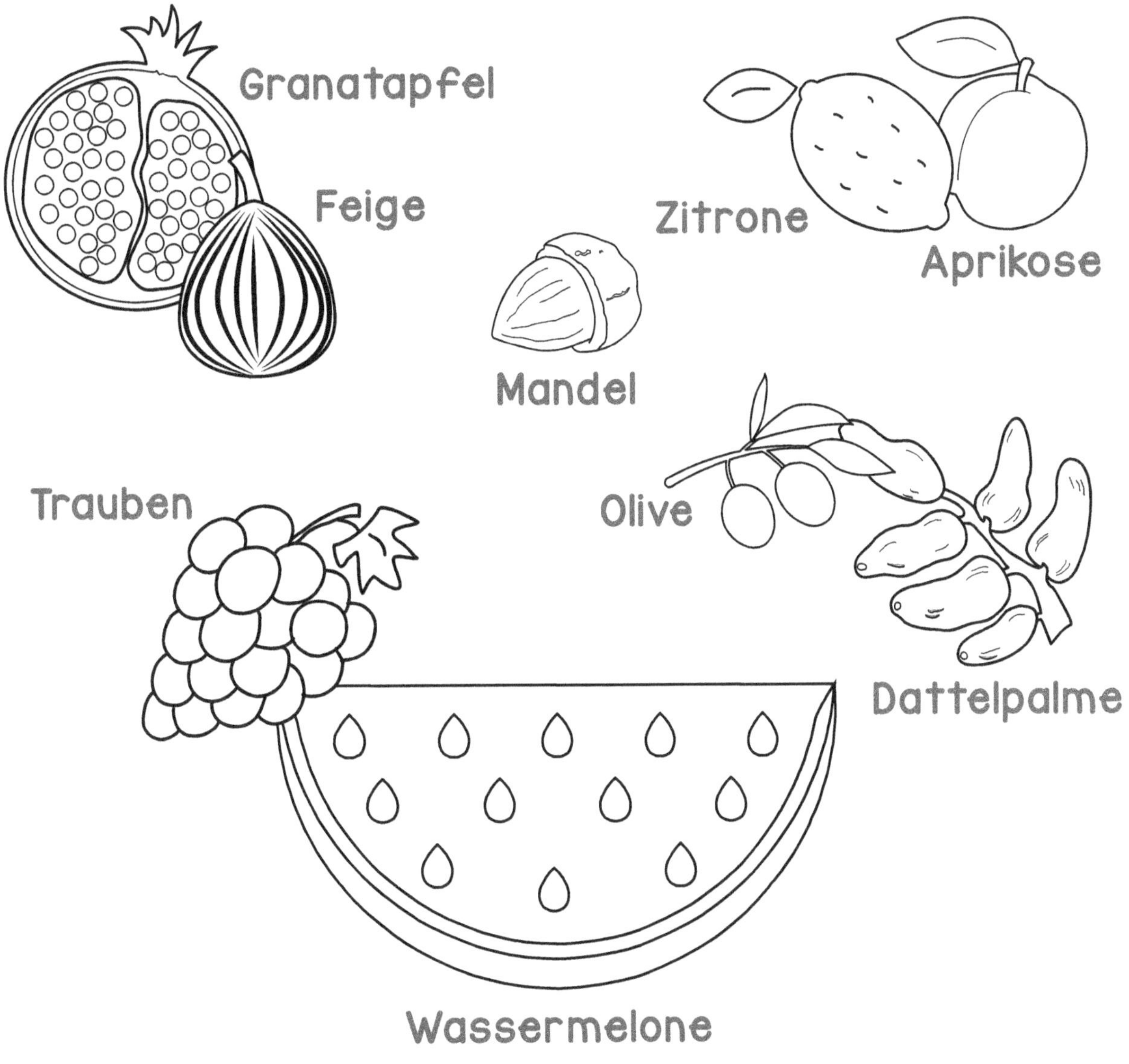

Granatapfel

Feige

Zitrone

Aprikose

Mandel

Trauben

Olive

Dattelpalme

Wassermelone

LEKTION 1 | Lektionsplan
Liebe

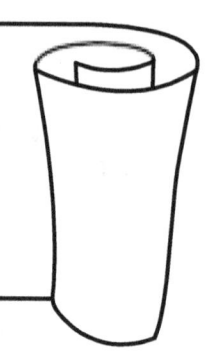

Lehrer/ in: _____

Die heutige Bibelstelle: Lukas 10,25-37

Willkommensgebet:
Beten Sie ein einfaches Gebet mit den Kindern, bevor Sie mit der Lektion beginnen.

Lektionsziele:
In dieser Lektion lernen die Kinder:
1. Wir wurden geschaffen, um Gott zu lieben und andere zu lieben
2. Liebe ist eine Handlung, nicht ein Gefühl

Wussten Sie schon?
Die Israeliten benutzten Esel, um Waren von Ort zu Ort zu tragen.

Übersicht zur Bibelstunde:
Ein Mann war auf dem Weg von Jerusalem nach Jericho. Einige Räuber rissen ihm die Kleider vom Leib, schlugen ihn und ließen ihn auf der Straße liegen. Ein Priester und ein Levit gingen an dem verletzten Mann vorbei. Aber sie hielten nicht an, um ihm zu helfen. Später ging ein Samariter vorbei und sah den verletzten Mann auf der Straße. Er wollte ihm helfen. Er goss Öl und Wein auf seine Wunden. Dann setzte er den verletzten Mann auf seinen Esel und brachte ihn in eine Herberge. Dort kümmerte er sich um ihn. Als der Samariter die Herberge verließ, gab er dem Herbergsbesitzer zwei Silbermünzen. „Kümmere dich um den verletzten Mann", sagte er. „Wenn du mehr Geld ausgibst, werde ich es dir zurückzahlen, wenn ich wiederkomme." Der Samariter zeigte Liebe, indem er sich um den verletzten Mann kümmerte.

Rückblick:

Fragen, die Sie Ihren Schülern stellen können:

1. Wohin ging der Mann?
2. Wer ging an dem verletzten Mann vorbei?
3. Wer goss Wein und Öl auf die Wunden des verletzten Mannes?
4. Wohin hat der Samariter den Verletzten gebracht?
5. Wie zeigte der Samariter dem verletzten Mann seine Liebe?

Ein Vers fürs Gedächtnis, der Kindern hilft, sich an Gottes Wort zu erinnern:

„Liebt einander, so wie ich euch geliebt habe." (Johannes 13,34)

Aktivitäten:

Labyrinth: Von Jerusalem nach Jericho

Bibel-Wortsuchrätsel: Der barmherzige Samariter

Arbeitsblatt: Öl und Wein

Arbeitsblatt: Teile eines Esels

Arbeitsblatt: Die Zahl drei

Arbeitsblatt: Zwei Silbermünzen

Malvorlage: Das ist die Liebe zu Gott

Arbeitsblatt: Wen liebst du?

Frucht des Geistes-Banner: Liebe

Schlussgebet:

Beenden Sie die Stunde mit einem kleinen Gebet.

Von Jerusalem nach Jericho

Der Samariter war auf dem Weg von Jerusalem nach Jericho. Hilf ihm, den verletzten Mann zu finden.

Der barmherzige Samariter

Finde die Wörter aus der Liste unten und kreise sie ein.

```
O W W E Q M W H
E F E S E A L E
L G U E T N V R
R V T L L N Z B
W U Y H Q W E E
S T R A S S E R
P L F S Y C Z G
M U E N Z E N E
```

MUENZEN MANN
ESEL HERBERGE
STRASSE OEL

Öl und Wein

Was goss der Samariter auf die Wunden des verletzten Mannes? (Lukas 10,34)
Male die richtigen Bilder aus.

Teile eines Esels

Der Samariter setzte den verletzten Mann auf seinen Esel und brachte ihn in eine Herberge (Lukas 10,34). Kannst du die verschiedenen Teile eines Esels benennen?

Ohr   Auge   Maul

Schwanz   Bein

Zeichne die Zahl drei nach.

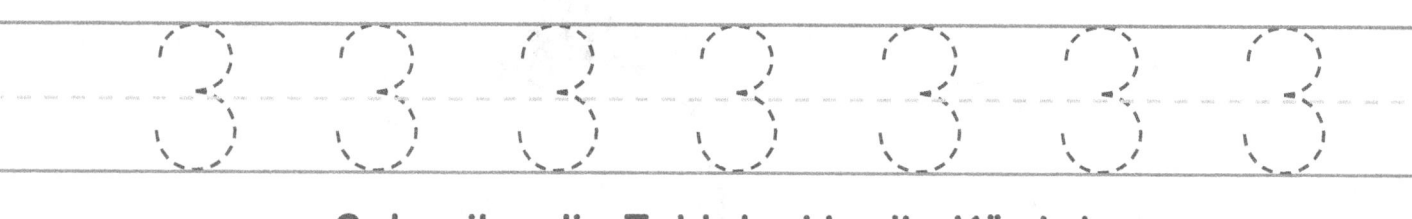

Schreibe die Zahl drei in die Kästchen.

Wie viele Finger sind es?

Wie viele Männer sahen den verletzten Mann?
Wer hielt an, um ihm zu helfen?

....

🌿 Zwei Silbermünzen 🌿

Der Samariter bezahlte dem Gasthausbesitzer zwei Silbermünzen (Denare), damit er sich um den verletzten Mann kümmerte (Lukas 10,35). Zu dieser Zeit, so sagt die Bibel, erhielt ein Arbeiter einen Denar für einen Tag Arbeit (Matthäus 20,2).

Zeichne deinen eigenen Silberdenar in das Feld unten.

„Das ist die Liebe zu Gott, dass wir seine Gebote halten."

(1. Johannes 5,3)

Wen liebst du?

Schreibe auf folgende Zeilen die Namen einiger Menschen, die du liebst. Wie zeigst du ihnen, dass du sie liebst?

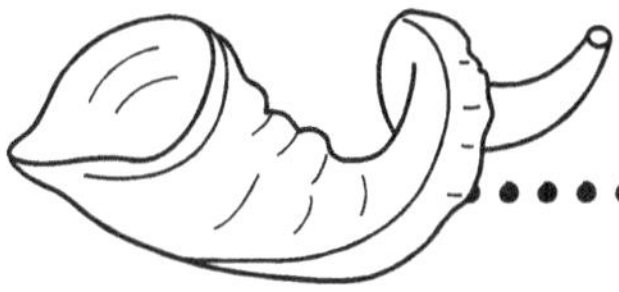

....

....

....

....

Zeichne eine Person, die du liebst.

LEKTION 2 | Lektionsplan
Freude

Lehrer/in:_____

Die heutige Bibelstelle: Apostelgeschichte 16,16-34

 Willkommensgebet:
Beten Sie ein einfaches Gebet mit den Kindern, bevor Sie mit der Lektion beginnen.

Lektionsziele:
In dieser Lektion lernen die Kinder:
1. Wahre Freude kommt nur, wenn man Gott kennt
2. Warum der Kerkermeister sich um Paulus und Silas kümmerte

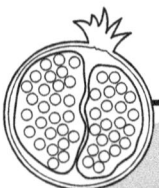

Wussten Sie schon?
Während seines Lebens ging Paulus an viele Orte, um die Menschen über den Messias zu lehren.

Übersicht zur Bibelstunde:
In Philippi hatte ein Mädchen einen Geist, der ihr sagte, was in der Zukunft passieren würde. Sie verdiente viel Geld für ihre Besitzer. Paulus sagte zu dem Geist: „Im Namen von Jeschua (Jesus), komm heraus!" Die Besitzer des Mädchens waren wütend, weil das Mädchen ihnen kein Geld mehr einbringen konnte. Sie ließen Paulus und Silas ins Gefängnis werfen. In dieser Nacht beteten Paulus und Silas und sangen Gott Lieder. Sie waren voller Freude, weil sie vom Heiligen Geist erfüllt waren. Plötzlich gab es ein Erdbeben. Die Gefängnistüren öffneten sich und die Ketten der Männer fielen ab. Als der Kerkermeister aufwachte, dachte er, die Männer seien weg. Paulus sagte: „Mach dir keine Sorgen. Wir sind noch hier." Der Kerkermeister war glücklich. Jetzt wollte er Gott kennenlernen. Er wusch Paulus und Silas die Wunden, nahm sie mit nach Hause und gab ihnen zu essen.

Rückblick:
Fragen, die Sie Ihren Schülern stellen können:
1. Was konnte der Geist des Mädchens tun?
2. Warum waren die Besitzer des Mädchens wütend?
3. Was taten Paulus und Silas im Gefängnis?
4. Wie kümmerte sich der Kerkermeister um Paulus und Silas?
5. Wer war in dieser Geschichte voller Freude? Woher weißt du das?

 **Ein Vers fürs Gedächtnis, der Kindern hilft, sich an Gottes Wort zu erinnern:**
„Der Gott der Hoffnung aber erfülle euch mit aller Freude und mit Frieden…" (Römer 15,13)

Aktivitäten:
Karten-aktivität: Die Reise des Paulus
Arbeitsblatt: Freudvoll im Gefängnis?
Bibel-Wortsuchrätsel: Singen für Gott
Bibel-Basteln: Papierketten
Arbeitsblatt: Ich kann beten, wenn ich…
Arbeitsblatt: S steht für singen
Arbeitsblatt: Paulus & Silas im Gefängnis
Malvorlage: Mein Geist frohlockt
Frucht des Geistes-Banner: Freude

 ### Schlussgebet:
Beenden Sie die Stunde mit einem kleinen Gebet.

Die Reise des Paulus

Der Apostel Paulus ging in Städte wie Philippi, um die Menschen über den Messias zu lehren. Verbinde die Punkte, um seine Reise von Antiochia nach Philippi zu verfolgen.

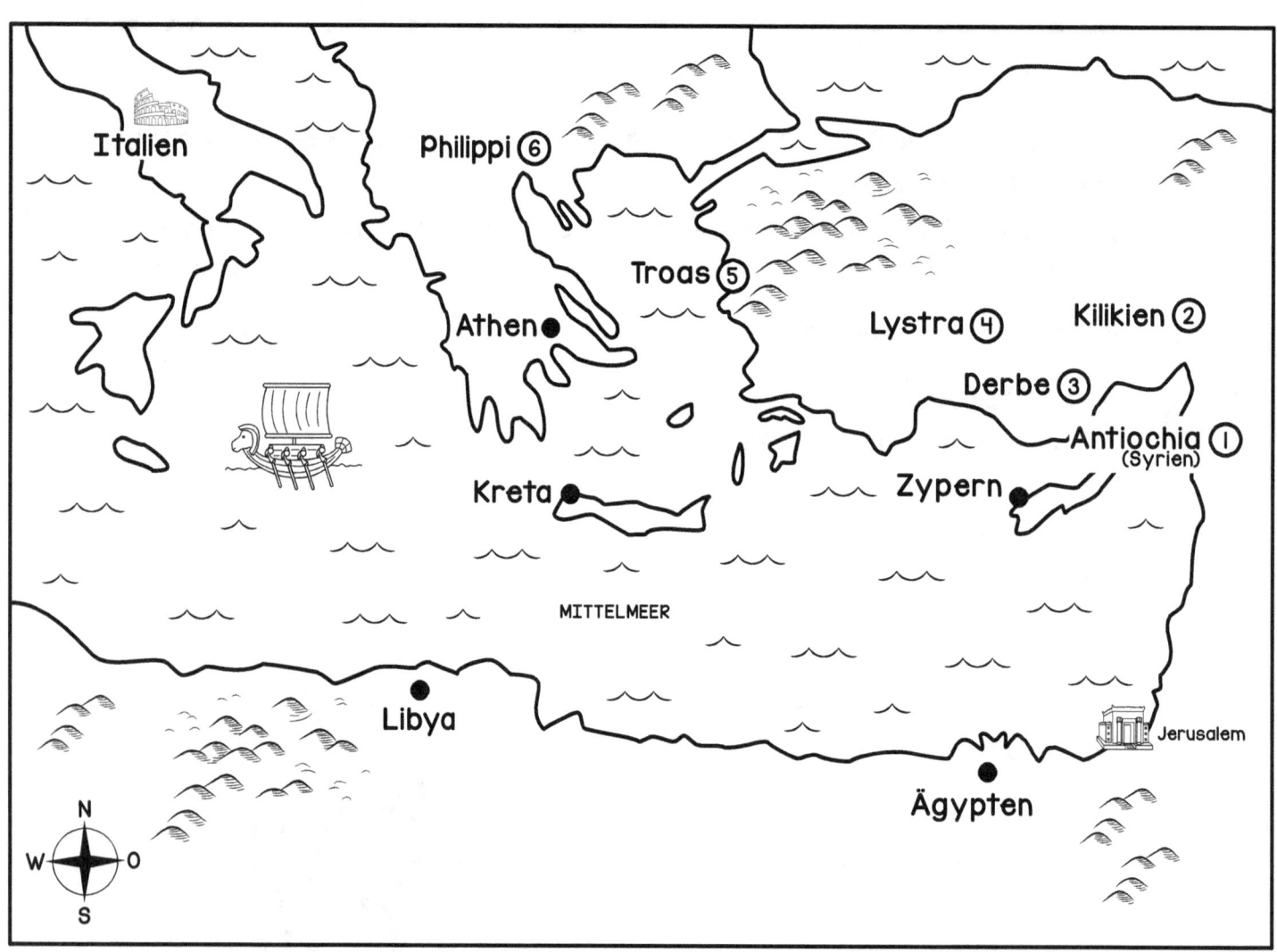

Freudvoll im Gefängnis?

Fülle die Lücken mit Hilfe der Tabelle unten aus.
Was siehst du?

Wie zeigen Paulus und Silas im Gefängnis Freude?

__ __ __   __ __ __ __ __
19 9 5   2 5 20 5 14

__ __ __   __ __ __ __ __ __
21 14 4   19 9 14 7 5 14

__ __ __ __ __ __
12 9 5 4 5 18

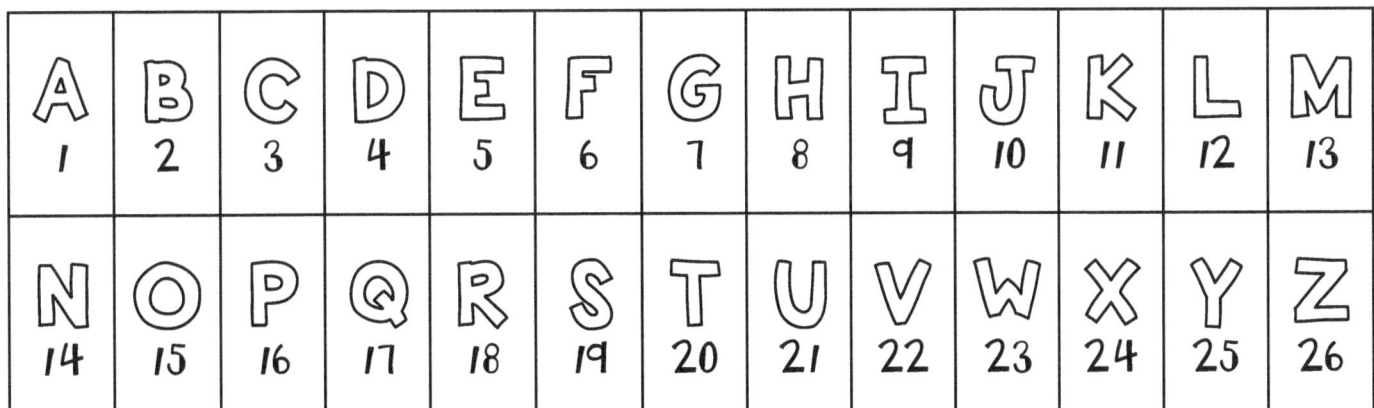

🍃 Singen zu Gott 🍃

Finde die Wörter aus der Liste unten und kreise sie ein.

GOTT	BETEN
FREUDE	SINGEN
PAULUS	KETTEN

Papierketten

Nach dem Erdbeben fielen die Ketten von Paulus und Silas ab. Lasst uns ein paar Papierketten basteln.

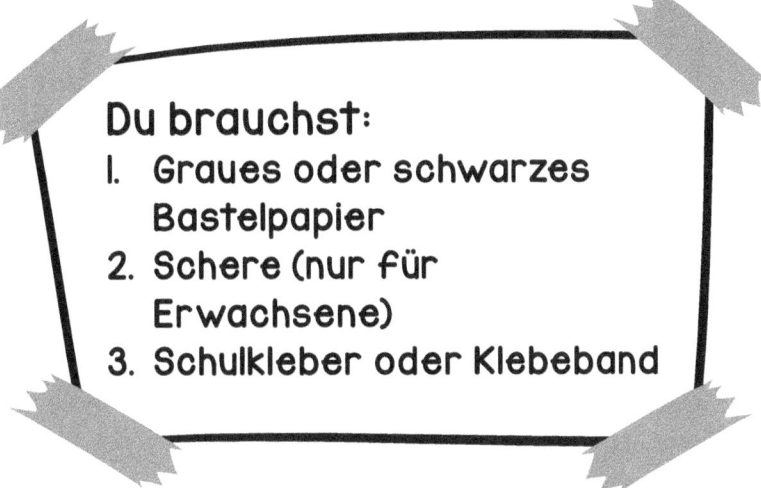

Du brauchst:
1. Graues oder schwarzes Bastelpapier
2. Schere (nur für Erwachsene)
3. Schulkleber oder Klebeband

Anweisungen:

1. Schneide zehn Streifen aus dem Bastelpapier. Jeder Streifen muss zwei Zentimeter breit und zehn Zentimeter lang sein.
2. Nimm einen Streifen Bastelpapier, forme ihn zu einem Ring (Kette) und klebe ihn zusammen.
3. Schiebe deinen nächsten Streifen Bastelpapier durch den Ring und klebe ihn mit Klebeband zu einer „Kette" zusammen.
4. Wiederhole den Vorgang, bis du eine lange Kette aus Papierringen hast.

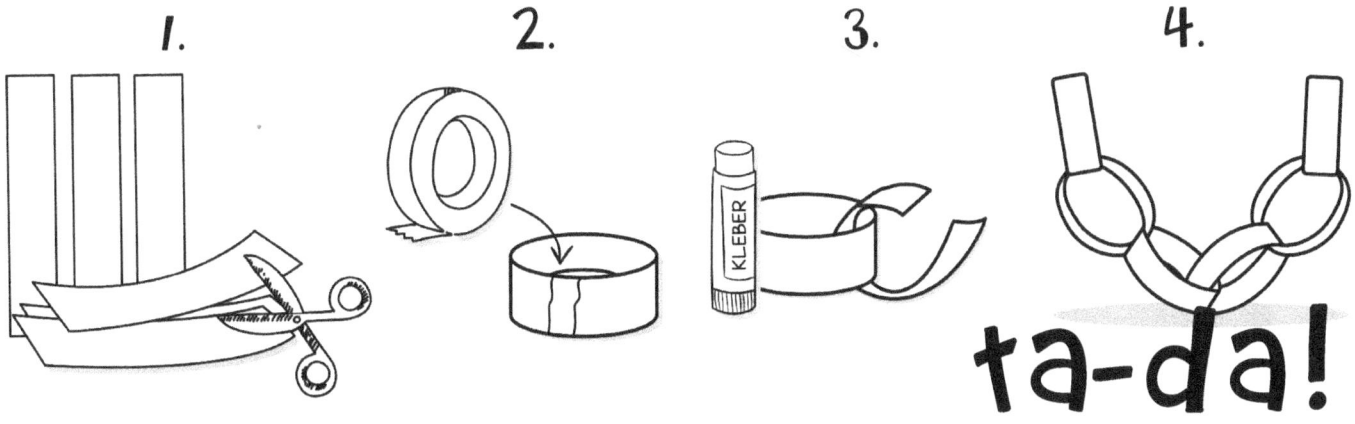

Ich kann beten, wenn ich...bin.

Zeichne ein Gesicht passend zum Wort.

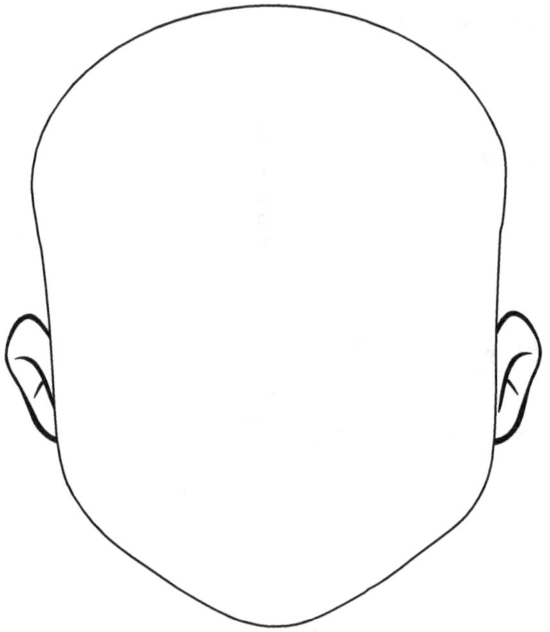

Glücklich

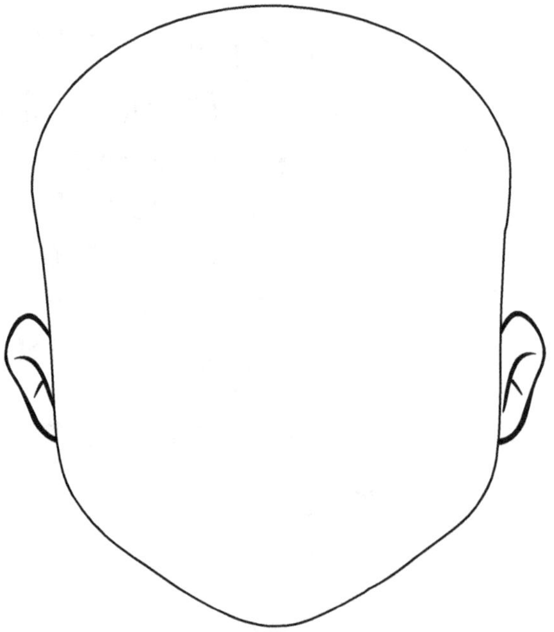

Traurig

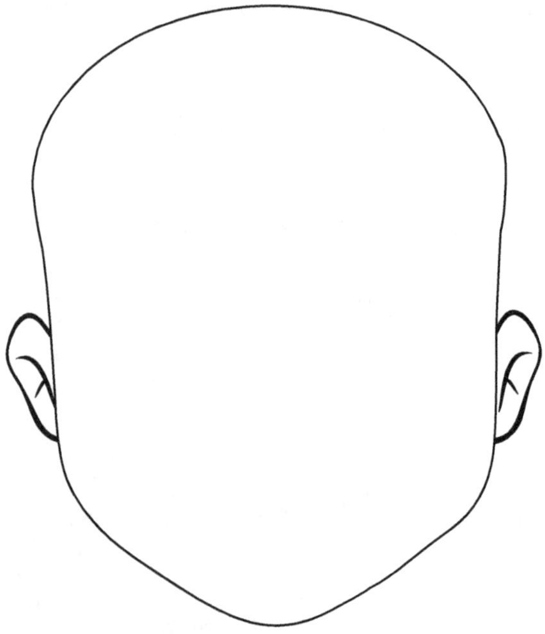

ängstlich

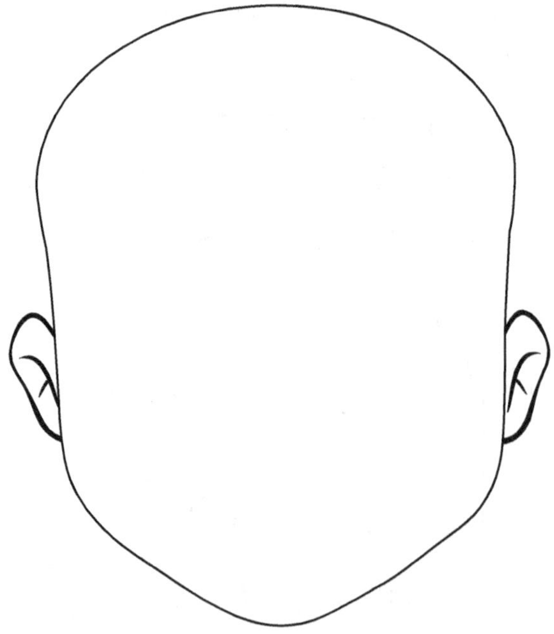

müde

🌿 Singt vor Freude! 🌿

Im Gefängnis haben Paulus und Silas vor Freude gesungen. Zeichne das Wort „singen" nach. Kreise die Bilder ein, die mit dem Buchstaben s beginnen, und male sie aus.

Ketten

Sandalen

Lampe

Samen

Paulus & Silas im Gefängnis

Erzieher/in: Besprechen Sie mit dem Kind, wie diese Bilder mit der Geschichte von Paulus und Silas zusammenhängen. Ordnen Sie die Wörter unten auf der Seite den richtigen Bildern zu.

Ketten   Paulus   Kerkermeister

Mädchen   beten

„Mein Geist freut sich über Gott, meinen Retter."

(Lukas 1,47)

LEKTION 3 | Lektionsplan
Frieden

Lehrer/ in:_____

Die heutige Bibelstelle: Daniel 6,1-23

 Willkommensgebet:
Beten Sie ein einfaches Gebet mit den Kindern, bevor Sie mit der Lektion beginnen.

Lektionsziele:
In dieser Lektion lernen die Kinder:
1. Wie Gott Daniel vor den Löwen beschützte
2. Gott gibt uns Frieden, wenn wir ihm vertrauen

Wussten Sie schon?
Daniel muss über 80 Jahre alt gewesen sein, als er den Löwen vorgeworfen wurde.

Übersicht zur Bibelstunde:
Daniel lebte in der Stadt Babylon. Dort arbeitete er für den König. Aber die Gehilfen des Königs (die Weisen) mochten Daniel nicht. Sie schmiedeten einen Plan, um ihn in Schwierigkeiten zu bringen. Sie sagten dem König, er solle ein neues Gesetz erlassen, das besagte, dass jeder 30 Tage lang zu ihm beten müsse, sonst würde man ihn in die Löwengrube stecken. Daniel wollte nicht zu dem König beten. Er liebte Gott und betete weiter zu ihm. Als die Weisen Daniel beten sahen, erzählten sie es dem König. Der König mochte Daniel, aber er musste dem Gesetz gehorchen. Daniel wurde in die Löwengrube geworfen. Daniel vertraute Gott, dass er ihn vor den Löwen beschützen würde, und Gott tat es. Er schickte einen Engel, der den Löwen den Rachen verschloss, damit sie Daniel nicht fressen konnten. Daniel hatte Frieden, weil er Gott vertraute.

Rückblick:

Fragen, die Sie Ihren Schülern stellen können:

1. Wo lebte Daniel?
2. Zu wem betete Daniel?
3. Wem vertraute Daniel?
4. Wie beschützte Gott Daniel in der Löwengrube?
5. Warum denkst du, dass Daniel in der Löwengrube Frieden hatte?

 Ein Vers fürs Gedächtnis, der Kindern hilft, sich an Gottes Wort zu erinnern:

„Großen Frieden haben, die dein Gesetz lieben." (Psalm 119,165)

Aktivitäten:

Arbeitsblatt Alphabet: Daniel

Bibel-Wortsuchrätsel: Daniel in der Löwengrube

Arbeitsblatt: In die Löwengrube

Arbeitsblatt: Weniger Löwen…mehr Löwen…

Arbeitsblatt: Teile eines Löwen

Arbeitsblatt: Zu wem betet Daniel?

Malvorlage: Vertraue Gott von ganzem Herzen

Spiele: Gott vertrauen

Frucht des Geistes-Banner: Frieden

 Schlussgebet:

Beenden Sie die Stunde mit einem kleinen Gebet.

D steht für Daniel

Daniel betete dreimal am Tag zu Gott (Daniel 6,10). Zeichne die Buchstaben nach. Male das Bild aus.

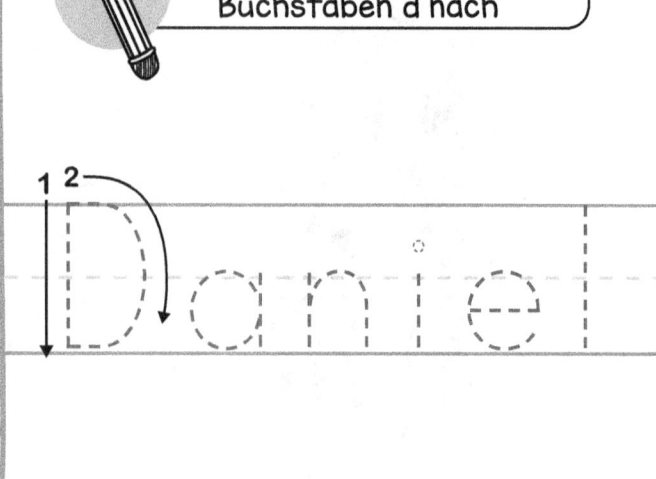

Zeichne den Buchstaben d nach

Male Daniel aus

Daniel in der Löwengrube

Finde die Wörter aus der Liste unten und kreise sie ein.

```
G V B P A E Z T
K E G F S Z V L
O J B R Z T W O
E L C E D L E E
N B T M T V I W
I H S C S W S E
G G O T T C E O
D A N I E L D E
```

DANIEL   GOTT
GEBET   WEISE
KOENIG   LOEWE

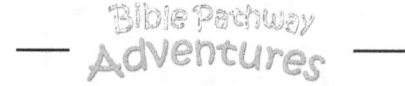

In die Löwengrube...

Daniel wurde in eine Löwengrube geworfen. Glaubst du, er hat etwas mitgenommen? Erstelle eine Liste mit Gegenständen, die du in eine Löwengrube mitnehmen würdest. Zeichne einige der Gegenstände in den Beutel.

1. ....
2. ....
3. ....
4. ....
5. ....
6. ....

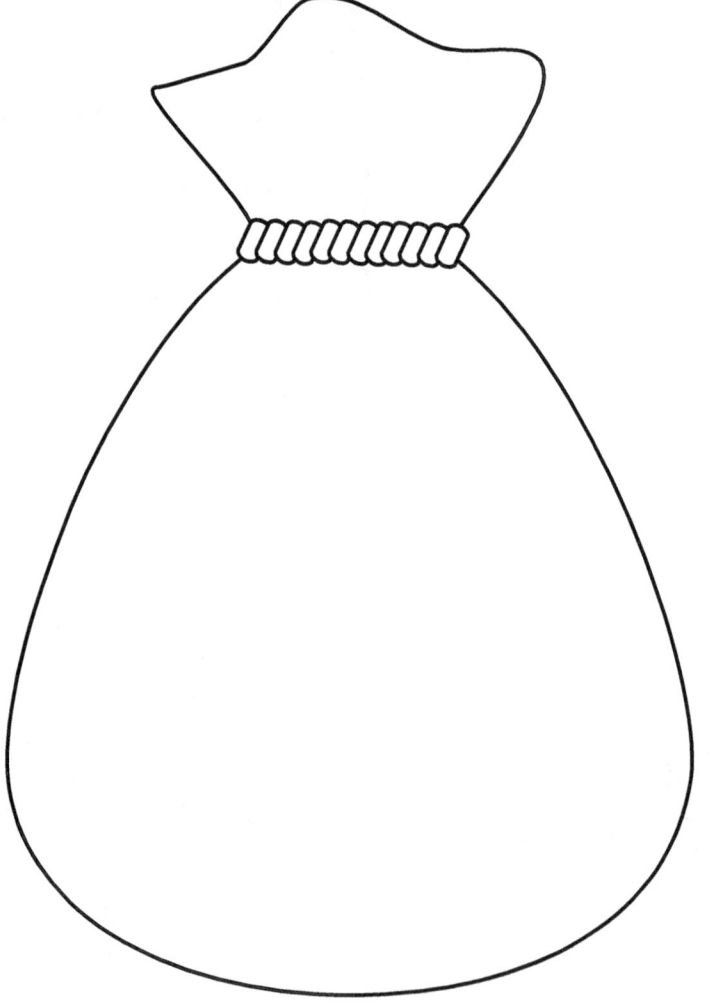

Weniger Löwen...mehr Löwen...

Wie viele Löwen waren in der Höhle?
Waren es zwei Löwen? Vier Löwen? Oder mehr...
Kannst du einen mehr und einen weniger schreiben?

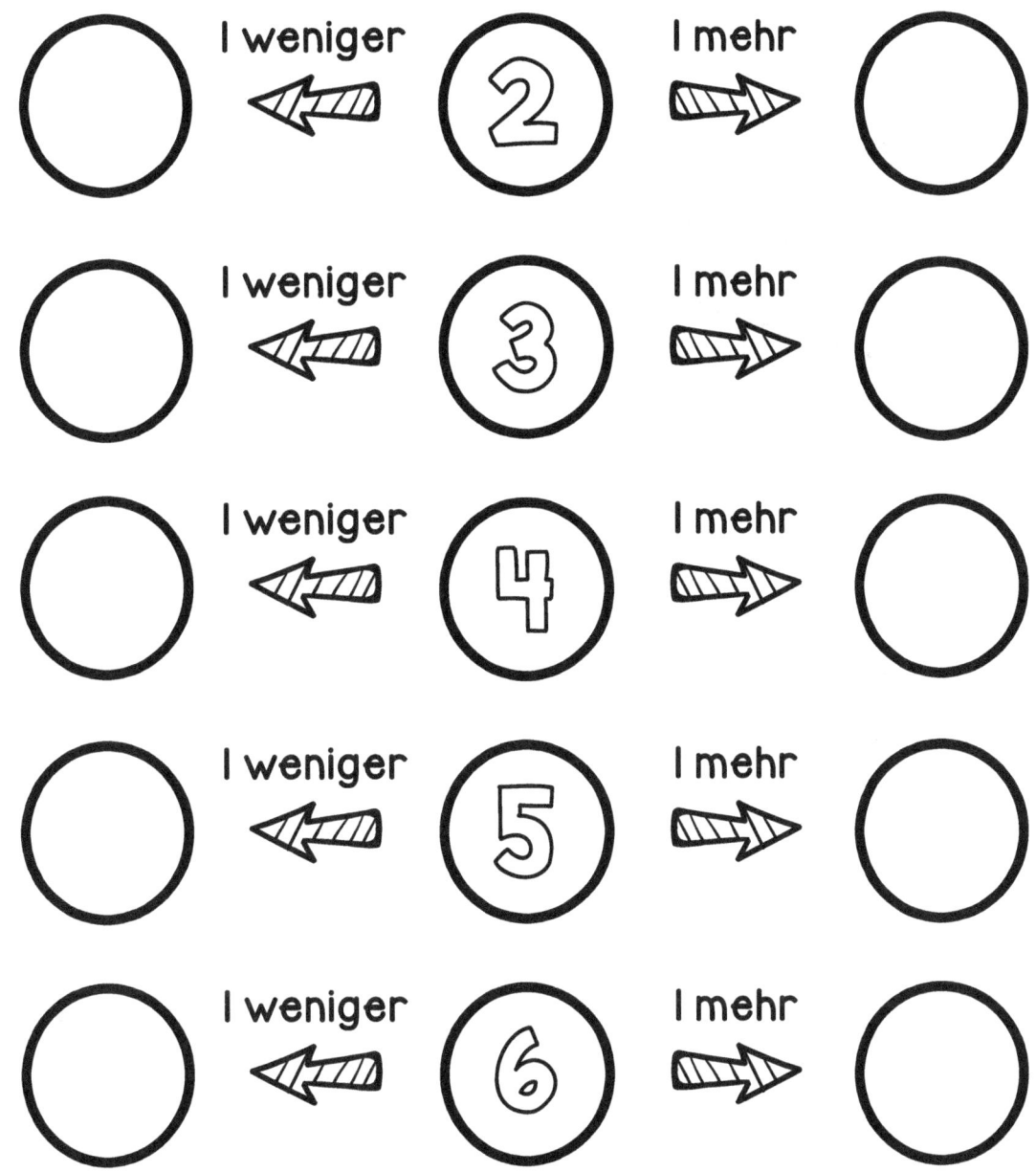

🦁 Die Löwen... 🦁

Daniel wurde in eine Löwengrube geworfen (Daniel 6,16).
Kannst du die Teile eines Löwen benennen?

Auge	Bein	Tatze
Schwanz	Maul	Mähne

🌿 Zu wem betet Daniel? 🌿

Fülle die Lücken mit der Tabelle unten aus.
Was siehst du?

Kannst du den Satz lesen?

$\overline{}\ \overline{}\ \overline{}\ \overline{}\ \overline{}\ \overline{}$
4 1 14 9 5 12

$\overline{}\ \overline{}\ \overline{}\ \overline{}\ \overline{}$
2 5 20 5 20

$\overline{}\ \overline{}\ \overline{}\ \overline{}\ \overline{}\ \overline{}$
26 21 7 15 20 20

A	B	C	D	E	F	G	H	I	J	K	L	M
1	2	3	4	5	6	7	8	9	10	11	12	13
N	O	P	Q	R	S	T	U	V	W	X	Y	Z
14	15	16	17	18	19	20	21	22	23	24	25	26

„Vertraue auf den Herrn von ganzem Herzen..."

(Sprüche 3,5)

Vertraust du Gott?

Du kannst wahren Frieden haben, wenn du Gott vertraust (Jesaja 26,3). Gott zu vertrauen bedeutet, dass du weißt, dass Gott tun wird, was Er sagt, dass Er tun wird. Lass uns zwei Spiele spielen, um zu lernen, was es bedeutet, jemandem zu vertrauen.

SPIEL #1

Aufgabe: Vertraue deinem Freund, dass er dich durch den Parcours führt

Erstellt einen kurzen Hindernisparcours bei eurem Haus oder im Klassenzimmer. Bildet Paare, so dass jedes Kind einen Partner hat. Jeweils einem Kind werden die Augen verbunden. Das andere Kind führt seinen Partner durch das Labyrinth. Dies kann es tun, indem es die Hand des Freundes hält oder Anweisungen gibt.

SPIEL #2

Aufgabe: Vertraue deinem Freund, dass er dich auffängt

Bildet Paare. Ein Kind stellt sich mit dem Gesicht von seinem Partner weg. Das andere Kind stellt sich mit dem Gesicht zu seinem Partner etwa einen halben Meter hinter ihn. Während sich das erste Kind sanft nach hinten fallen lässt, fängt es das andere Kind auf. Die ersten paar Male wird das Kind wahrscheinlich einen Schritt zurück machen wollen, um sich selbst aufzufangen, aber die Idee ist, darauf zu vertrauen, dass der Partner es auffängt.

LEKTION 4 | Lektionsplan
Geduld

Lehrer/in:_____

Die heutige Bibelstelle: 1. Mose 39,20-41,45

Willkommensgebet:
Beten Sie ein einfaches Gebet mit den Kindern, bevor Sie mit der Lektion beginnen.

Lektionsziele:
In dieser Lektion lernen die Kinder:
1. Warum es wichtig ist, auf Gott zu warten
2. Wie Joseph in Ägypten Geduld zeigte

Übersicht zur Bibelstunde:
Joseph lebte mit seiner Familie im Land Kanaan. Seine Brüder mochten ihn nicht. Sie verkauften ihn an eine Gruppe von Händlern, die ihn in das Land Ägypten brachten. Dort wurde er ein Sklave von Potiphar. Gott war mit ihm und er machte alles richtig. Aber Potiphars Frau belog ihren Mann über Joseph, und er steckte Joseph ins Gefängnis. Während Joseph darauf wartete, dass Gott ihn befreite, half er zwei Hofbeamten, dem Mundschenk und dem Bäcker des Pharaos, ihre Träume zu verstehen. Einige Zeit später hatte auch der Pharao zwei Träume. Mit Gottes Hilfe erzählte Joseph dem Pharao die Bedeutung seiner Träume. Der Pharao glaubte Joseph und übertrug ihm die Verantwortung für ganz Ägypten. Joseph bewies in schweren Zeiten Geduld, indem er auf Gottes Hilfe wartete.

Wussten Sie schon?
Joseph hatte elf Brüder!

Rückblick:

Fragen, die Sie Ihren Schülern stellen können:

1. Wer verkaufte Joseph an die Händler?
2. Für wen hat Joseph als Sklave gearbeitet?
3. Wie half Joseph dem Pharao?
4. Wodurch zeigte Joseph Geduld?
5. Warum ist es wichtig, Geduld zu haben?

Ein Vers fürs Gedächtnis, der Kindern hilft, sich an Gottes Wort zu erinnern:

„Seid fröhlich in Hoffnung, in Bedrängnis haltet stand." (Römer 12,12)

Aktivitäten:

Karten-Aktivität: Nach Ägypten...

Bibel-Wortsuchrätsel: Joseph in Ägypten

Arbeitsblatt: Joseph im Gefängnis

Arbeitsblatt: Der Pharao

Arbeitsblatt: Die Träume des Pharao

Arbeitsblatt: Josephs Wagen

Aktivität: Einen Brief verschicken

Arbeitsblatt zum Ausmalen: Geduld

Frucht des Geistes-Banner: Geduld

Schlussgebet:

Beenden Sie die Stunde mit einem kleinen Gebet.

Nach Ägypten...

Josephs Brüder verkauften ihn in die Sklaverei nach Ägypten. Verbinde die Punkte, um seine Reise von Kanaan nach Ägypten zu verfolgen.

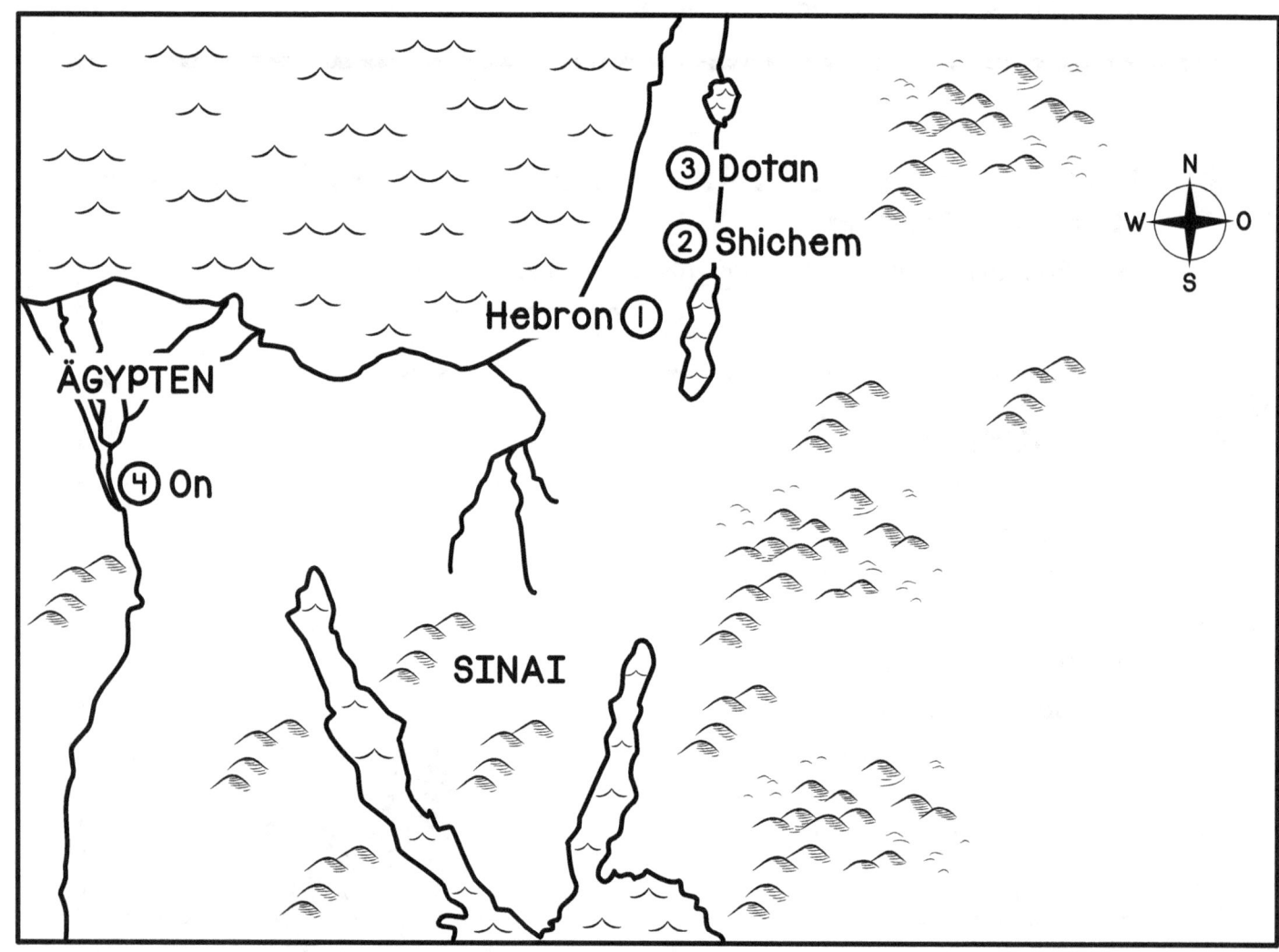

Joseph in Ägypten

Finde die Wörter aus der Liste unten und kreise sie ein.

```
L U U F T K D J
A E K V P O S O
N T C Q E E K S
D N P C D N L E
W S U Z A I A P
D J W B J G V H
A E G Y P T E N
T R A U M S B Q
```

SKLAVE   TRAUM
KOENIG   LAND
AEGYPTEN   JOSEPH

Joseph im Gefängnis

Joseph war lange Zeit im Gefängnis (1. Mose 39-41). Er wartete geduldig darauf, dass Gott ihm helfen würde. Male das Bild aus.

Der Pharao

Der Pharao war der König von Ägypten.
Zeichne die Wörter nach. Male das Bild aus.

König von Ägypten

Die Träume des Pharao

Der Pharao hatte zwei Träume. Zeichne das Wort „Traum" nach. Kreise die Bilder ein, die mit dem Buchstaben t beginnen und male sie aus.

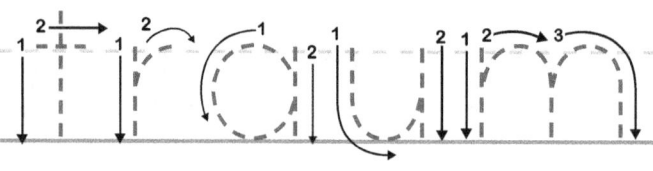

Traktor

Esel

Kleid

Tasse

Josephs Wagen

Der Pharao machte Joseph zum Herrscher von Ägypten. Er wies ihn an, auf seinem zweiten Wagen zu fahren (1. Mose 41,41-43). Zeichne Joseph auf dem Wagen.

Einen Brief verschicken

Einen Brief zu verschicken und auf Antwort zu warten ist ein guter Weg, um Geduld zu lernen. Lasst uns einen Brief verschicken!

Du brauchst:
1. Kartonpapier oder Schreibpapier
2. Buntstifte, Filzstifte oder Bleistifte
3. Briefumschläge und Briefmarken

Anweisungen:

1. Machen Sie eine Karte, indem Sie ein Stück Kartonpapier zur Hälfte falten. Wenn Ihr Kind älter ist und einen Brief schreiben möchte, suchen Sie passendes Briefpapier.
2. Bitten Sie das Kind, die Karte zu verzieren oder einen Brief an einen Freund, Großelternteil oder eine andere besondere Person in seinem Leben zu schreiben.
3. Stecken Sie die Karte oder den Brief in einen Umschlag, schreiben Sie die Adresse darauf (helfen Sie dem Kind dabei) und frankieren Sie den Brief. Gehen Sie mit dem Kind zu einem Postkasten oder zur Post, um die Karte abzuschicken.

Denke nach!

Es braucht Zeit, um einen Brief zu erhalten. Sei geduldig, während du auf eine Antwort wartest.

„Seid geduldig und nehmt einander in Liebe an."

(Epheser 4,2)

LEKTION 5
Lektionsplan
Freundlichkeit

Lehrer/in: _____

Die heutige Bibelstelle: Markus 2,1-12

Willkommensgebet:
Beten Sie ein einfaches Gebet mit den Kindern, bevor Sie mit der Lektion beginnen.

Lektionsziele:
In dieser Lektion lernen die Kinder:
1. Wie unser Messias Freundlichkeit zeigte
2. Freundlichkeit bedeutet, Menschen zu lieben und sich um sie zu kümmern

Wussten Sie schon?
Die einzige Bibel, die die Menschen zu dieser Zeit hatten, war das Alte Testament.

Übersicht zur Bibelstunde:
Jeschua (Jesus) wohnte in einem Haus in Kapernaum. Vier Männer kamen, um ihn lehren zu hören. Sie brachten einen Mann, der gelähmt war. Das bedeutet, dass er seine Beine nicht benutzen konnte, nicht einmal seine Arme! Sie mussten ihn auf einer Holzliege tragen. Das Haus war voll von Menschen und die Männer konnten Jeschua nicht sehen. Sie stiegen auf das Dach und öffneten es an einer Stelle. Dann ließen sie ihren Freund durch das Dach hinunter. Als Jeschua ihren Glauben sah, sagte er zu dem Mann, der nicht gehen konnte: „Deine Sünden sind dir vergeben." Einige religiöse Männer waren nicht glücklich darüber, dass Jeschua das gesagt hatte. Aber Jeschua war der Sohn Gottes. Wieder sagte Er zu dem Mann: „Steh auf und geh." Und der Mann tat es. Jeschua zeigte Freundlichkeit, indem er einen Mann heilte, der nicht gehen konnte.

Rückblick:

Fragen, die Sie Ihren Schülern stellen können:

1. Wo fand diese Geschichte statt?
2. Wie viele Männer brachten den gelähmten Mann zum Haus?
3. Warum brachten die Männer den gelähmten Mann auf das Dach?
4. Was sagte Jeschua zu dem gelähmten Mann?
5. Wie hat Jeschua Freundlichkeit gezeigt?

 Ein Vers fürs Gedächtnis, der Kindern hilft, sich an Gottes Wort zu erinnern:

„Die Liebe ist langmütig und gütig…" (1. Korinther 13,4)

Aktivitäten:

Karten-Aktivität: Galiläa

Bibel-Wortsuchrätsel: Steh auf und geh!

Arbeitsblatt: Die Zahl vier

Arbeitsblatt: Oben und unten

Malvorlage: Ein großes Wunder!

Arbeitsblatt: G steht für Glaube

Arbeitsblatt: Freundlich sein

Malvorlage: Freundlichkeit

Frucht des Geistes-Banner: Freundlichkeit

 Schlussgebet:

Beenden Sie die Stunde mit einem kleinen Gebet.

Galiläa

Jeschua ging nach Kapernaum, einer Stadt am See Genezareth. Verbinde die Punkte, um zu sehen, wie er von Ort zu Ort reiste, um die Menschen über Gott zu lehren.

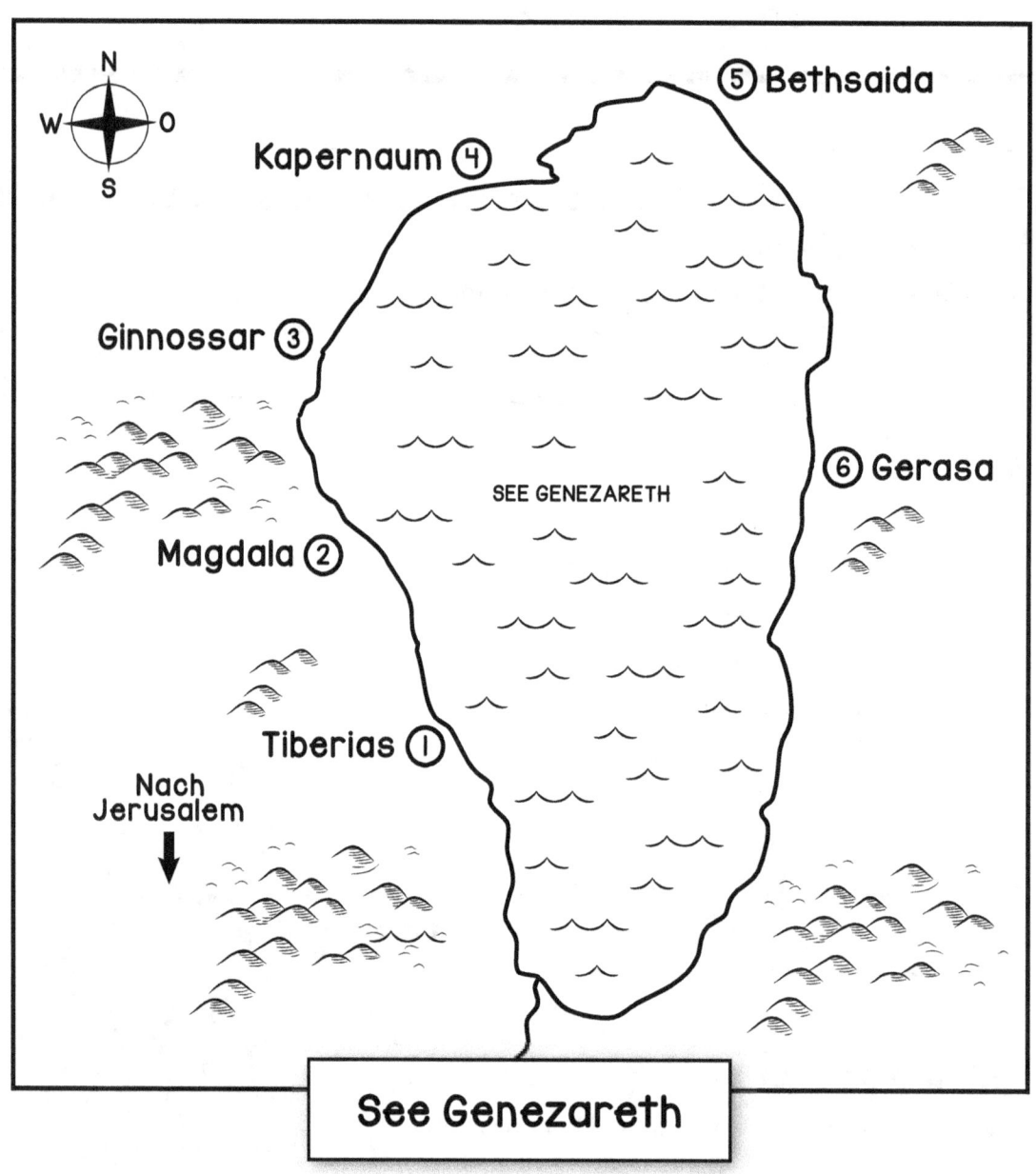

🌿 Steh auf und geh! 🌿

Finde die Wörter aus der Liste unten und kreise sie ein.

```
B J O M F K L S
G E H E N W I U
H S O N L U E V
H C X X A Y G D
D H N Y F Q E A
E U G W U G P C
H A U S Z I Y H
M A E N N E R B
```

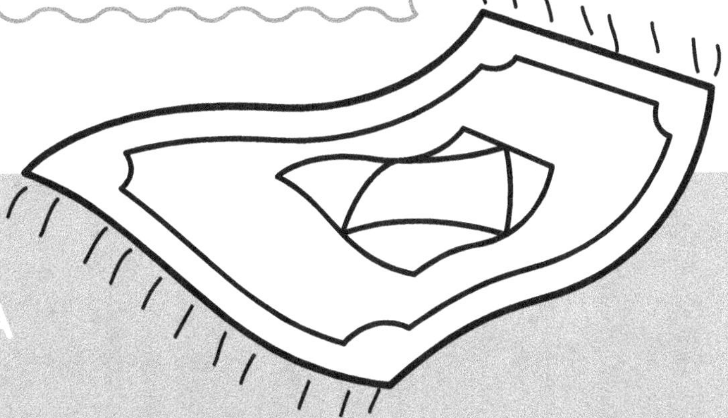

LIEGE   DACH
MAENNER JESCHUA
HAUS   GEHEN

 vier

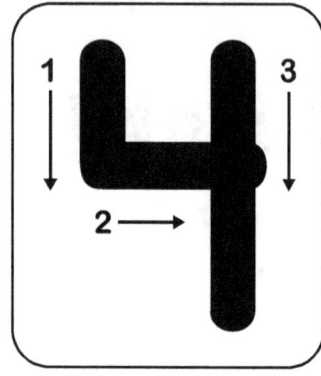

Zeichne die Zahl 4 nach.

Schreibe die Zahl 4 in die Kästchen unten.

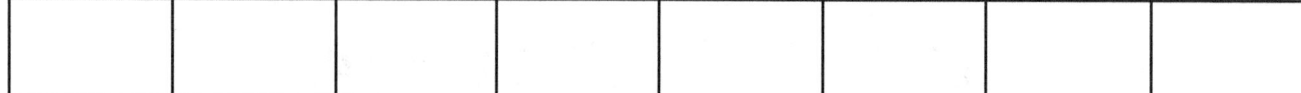

Wie viele Finger sind es?

Wie viele Männer trugen den Mann, der nicht laufen konnte?

....

Oben und unten

Vier Männer ließen eine Liege durch das Dach herab nach unten. Darauf lag ein Mann, der nicht gehen konnte (Markus 2,4). Kreise das oben-Bild ein und male das unten-Bild aus.

🌿 Ein großes Wunder! 🌿

Jeschua heilte einen Mann, der nicht gehen konnte.
Er konnte weder seine Beine noch seine Arme benutzen!
Er war gelähmt. Zeichne den gelähmten
Mann auf die Pritsche unten.

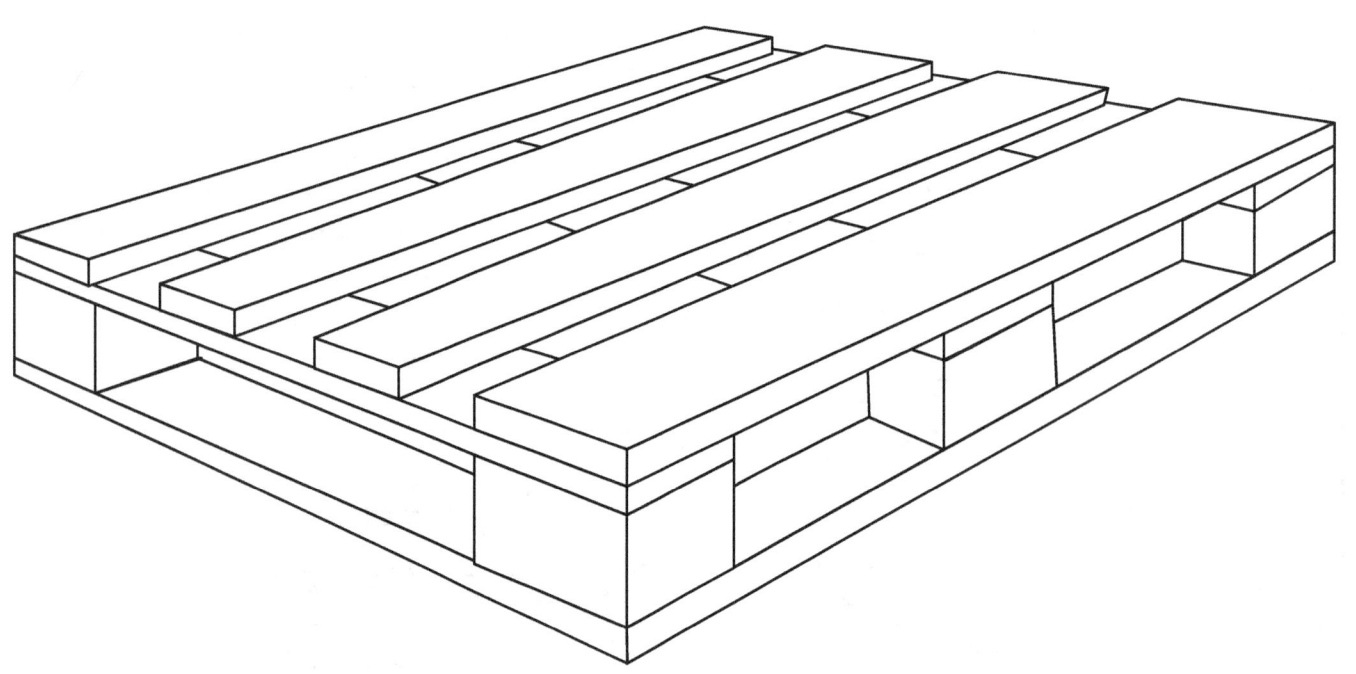

G steht für Glaube

Glaube bedeutet zu vertrauen, dass Gott das tun wird, wovon Er sagt, dass Er es tun wird. Jeschua freute sich, dass die Männer Glauben hatten. Zeichne das Wort „Glaube" nach. Male die Objekte an, die mit dem Buchstaben g beginnen.

Fisch

Giraffe

Fliege

Gabel

Freundlich Sein

1 Einen Freund umarmen	**2** Etwas mit einem Freund teilen	**3** Deiner Familie bei der Hausarbeit helfen	**4** Jemandem helfen, etwas zu tragen
5 Essen spenden an jemanden in Not	**6** Eine Karte schicken an jemanden, der krank ist	**7** Jemandem eine freundliche Nachricht schreiben	**8** Jemandem sagen, dass du sie/ihn gern hast
9 Etwas aufräumen, ohne gefragt zu werden	**10** Den Tisch für das Abendessen decken	**11** Jemandem eine Tür aufhalten	**12** Deine Großeltern anrufen
13 Ein paar Bücher spenden	**14** Ein Bild für jemanden in deiner Klasse zeichnen	**15** Dein Taschengeld spenden	**16** Mit jemandem spielen, der neu ist
17 Ein Care-Paket machen	**18** Eine zusätzliche Hausarbeit erledigen	**19** Beim Backen eines Kuchens für die Nachbarn helfen	**20** Jemandem ein Kompliment machen

„Seid aber gegeneinander freundlich und barmherzig..."

(Epheser 4,32)

LEKTION 6 | Lektionsplan
Güte

Lehrer/ in:_____

Die heutige Bibelstelle: 2. Könige 22-23

Willkommensgebet:

Beten Sie ein einfaches Gebet mit den Kindern, bevor Sie mit der Lektion beginnen.

Lektionsziele:
In dieser Lektion lernen die Kinder:
1. Die zehn Gebote
2. Man zeigt Güte in seinem Leben, wenn man Gott gehorcht

Wussten Sie schon?
Josia war acht Jahre alt, als er König von Juda wurde (2. Könige 22,1).

Übersicht zur Bibelstunde:
Josia war der König von Juda. Er lebte in der Stadt Jerusalem. Eines Tages fand der Hohepriester ein Buch des Gesetzes im Tempel. Er las dem König aus dem Buch vor. Der König sagte: „Das Volk hält sich nicht an die Gebote Gottes, die für uns geschrieben wurden." Er wollte, dass alle tun, was Gott ihnen sagte. Er zerstörte all die Dinge, mit denen sie andere Götter anbeteten. Und er begann, Gottes Feste wie das Pessachfest und das Fest der ungesäuerten Brote zu halten. Das war gut in den Augen Gottes und er war zufrieden (2. Chronik 34,1-2). Der Heilige Geist wird dir zeigen, wie du Gottes Anweisungen befolgen kannst (Johannes 16,8). Der König brachte das Gute ins Land zurück, als er Gottes Anweisungen befolgte.

Rückblick:

Fragen, die Sie Ihren Schülern stellen können:

1. Wie alt war Josia, als er König von Juda wurde?
2. Wer fand das Buch des Gesetzes?
3. Was hat König Josia niedergerissen?
4. Welche Feste begann Josia zu halten?
5. Was geschieht, wenn man Gottes Geboten gehorcht? (5. Mose 28)

Ein Vers fürs Gedächtnis, der Kindern hilft, sich an Gottes Wort zu erinnern:

„Der Herr ist gütig gegen alle." (Psalm 145,9)

Aktivitäten:

Arbeitsblatt: Wer ist der König der Israeliten?
Arbeitsblatt: Der Hohepriester
Verbinde die Punkte: Das Buch des Gesetzes
Arbeitsblatt: Die Israeliten hören das Gesetz
Arbeitsblatt: Die zehn Gebote
Malvorlage: Pessach
Arbeitsblatt Alphabet: P steht für Pessach
Bibel-Wortsuchrätsel: Gott ist gütig
Malvorlage: Er ist gütig
Frucht des Geistes-Banner: Güte

Schlussgebet:

Beenden Sie die Stunde mit einem kleinen Gebet.

Wer ist der König der Israeliten?

Fülle die Lücken mit Hilfe der Tabelle unten aus.
Was siehst du?

Wer ist der König der Israeliten?

$\overline{11}$ $\overline{15}$ $\overline{14}$ $\overline{9}$ $\overline{7}$

$\overline{10}$ $\overline{15}$ $\overline{19}$ $\overline{9}$ $\overline{1}$

A	B	C	D	E	F	G	H	I	J	K	L	M
1	2	3	4	5	6	7	8	9	10	11	12	13

N	O	P	Q	R	S	T	U	V	W	X	Y	Z
14	15	16	17	18	19	20	21	22	23	24	25	26

Der Hohepriester

Der wichtigste Priester im Tempel war der Hohepriester. Er trug einen besonderen Brustschild mit 12 Edelsteinen, die die 12 Stämme Israels darstellten. Male die 12 Edelsteine aus.

Das Buch des Gesetzes

Das Buch des Gesetzes wurde auch Thora genannt. Der Hohepriester fand die Thora im Tempel (2. Könige 22,8). Verbinde die Punkte, um die Thora-Rolle zu sehen.

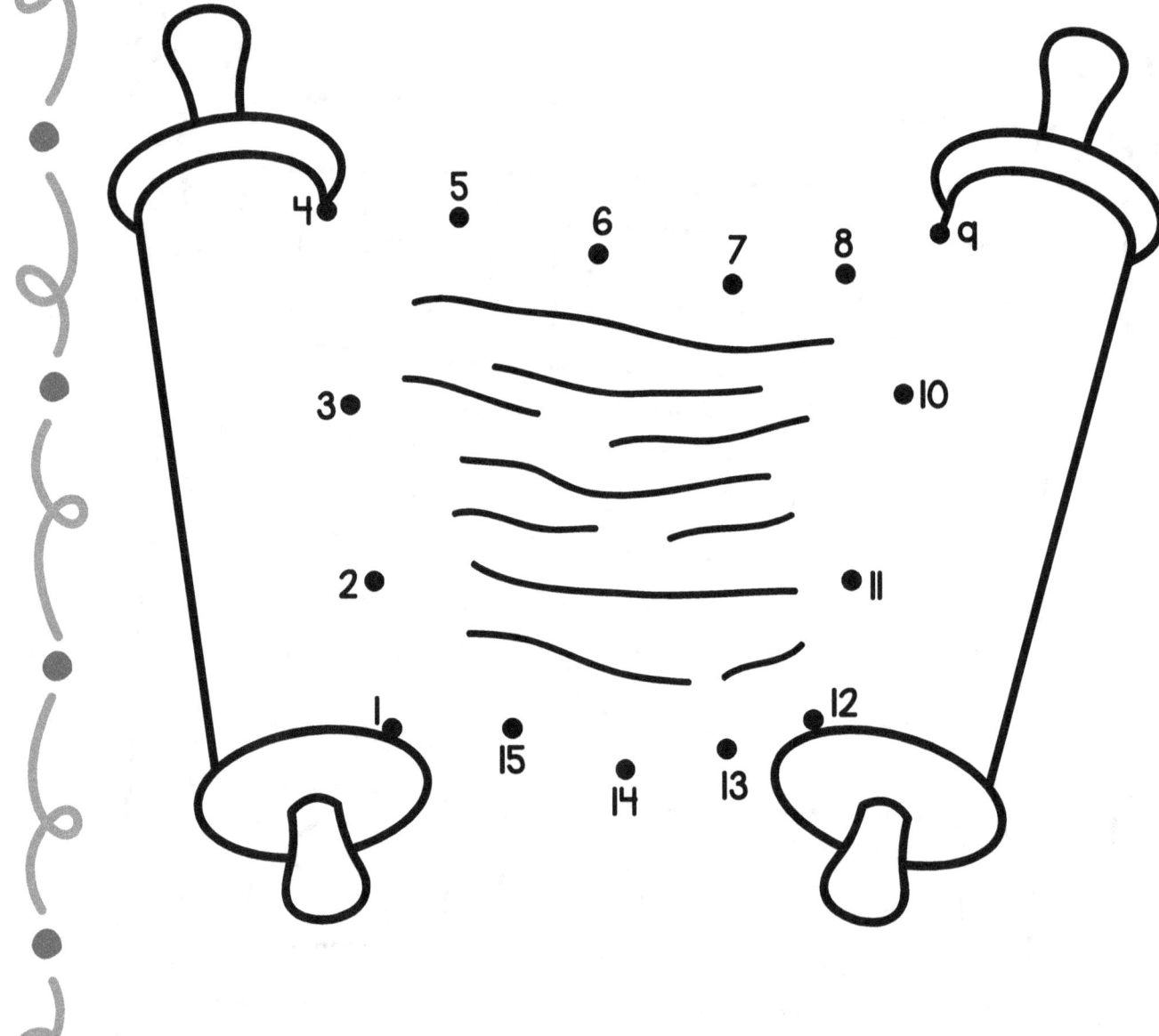

Die Israeliten hören das Gesetz

König Josia wollte, dass die Israeliten nur noch Gott (Jahweh) verehrten. Er verbrannte die Statuen ihrer falschen Götter im Feuer (2. Könige 23,1-6). Ziehe eine gepunktete Linie von jedem Objekt zum Feuer. Male die Bilder aus.

Die zehn Gebote

Josia versprach, Gottes Gebote zu befolgen. Indem er dies tat, brachte er das Gute zurück ins Land (2. Könige 23,3). Lies die zehn Gebote. Male die Bilder aus.

Ich bin der Herr, dein Gott

Du sollst keine anderen Götter haben neben mir

Du sollst den Namen Gottes nicht missbrauchen

Du sollst den Sabbat heiligen

Ehre deinen Vater und deine Mutter

Du sollst nicht töten

Du sollst nicht ehebrechen

Du sollst nicht stehlen

Du sollst nicht falsch Zeugnis reden gegen deinen Nächsten

Du sollst nicht begehren deines Nächsten Haus

Pessach

P steht für Pessach

König Josia sagte: „Feiert das Pessachfest, wie es im Buch des Gesetzes geschrieben steht." (2. Könige 23,21) Zeichne die Buchstaben nach. Male das Bild aus.

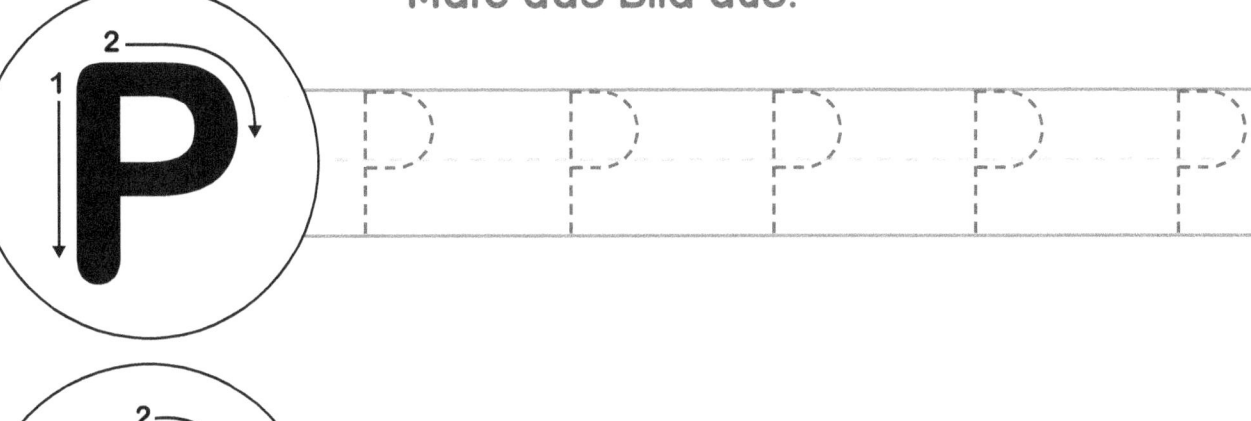

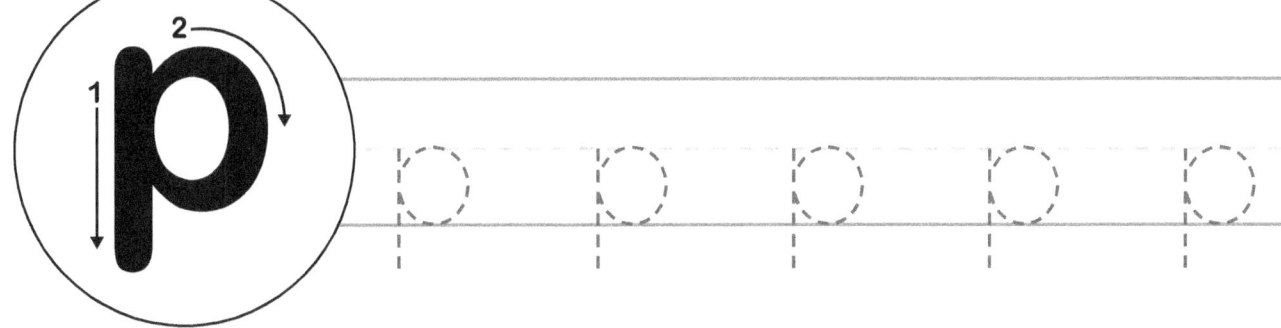

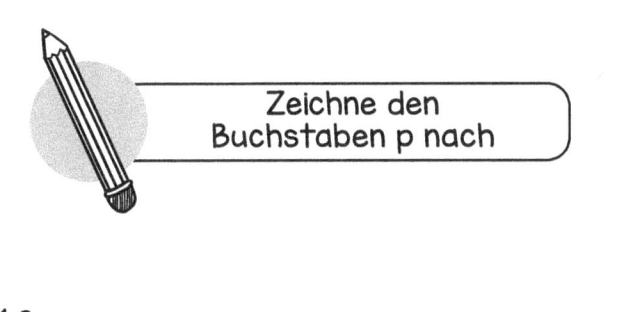

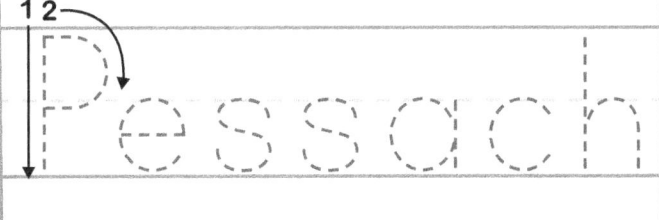

Gott ist gütig

Finde die Wörter aus der Liste unten und kreise sie ein.

```
G E D K G B G B
E I F O W H U U
S A R E O E E C
E U X N X Y T H
T R E I K C I R
Z O W G K O G R
G O T T E D N C
P R I E S T E R
```

GUETIG   PRIESTER
KOENIG   GOTT
BUCH   GESETZ

„Denn er ist gütig und seine Gnade währt ewiglich über Israel." (Esra 3,11)

LEKTION 7 | Lektionsplan
Treue

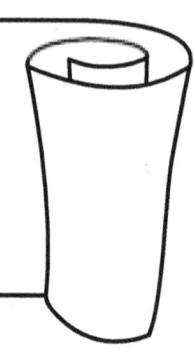

Lehrer/ in:_____

Die heutige Bibelstelle: 1. Mose 12,1-7, 18,1-19, und 21,1-5

 **Willkommensgebet:**
Beten Sie ein einfaches Gebet mit den Kindern, bevor Sie mit der Lektion beginnen.

Lektionsziele:
In dieser Lektion lernen die Kinder:
1. Gott ist treu in allem, was er tut
2. Wie Abraham Gott zeigte, dass er treu ist

Übersicht zur Bibelstunde:
Gott gab Abraham drei besondere Verheißungen: eine große Familie, ein neues Land und den Segen für alle Menschen. Abraham vertraute Gott, dass er seine Versprechen halten würde. Er reiste in ein neues Land - das Land Kanaan. Dort begann er ein neues Leben und tat, was Gott von ihm verlangte. Und Gott hielt seine Versprechen an Abraham. Als Abrahams Frau Sarah 90 Jahre alt war, wurde sie schwanger und bekam einen kleinen Jungen namens Isaak. Abraham war so treu, dass er, als Gott ihn bat, Isaak zu opfern, bereit war, dies zu tun. Abraham zeigte Gott, dass er treu war, indem er Gott vertraute und tat, worum Gott ihn bat. Gott ist treu zu uns - Er hält immer seine Versprechen.

Wussten Sie schon?
Abraham war 100 Jahre alt, als sein Sohn Isaak geboren wurde (1. Mose 21,5).

Rückblick:

Fragen, die Sie Ihren Schülern stellen können:

1. Was versprach Gott Abraham?
2. Wie gehorchte Abraham Gott?
3. Wie belohnte Gott Abraham für seinen Gehorsam?
4. Wie alt war Sarah, als sie ein Kind bekam?
5. Ist Abraham eine Art von Freund, den du gerne haben würdest? Warum/warum nicht?

 Ein Vers fürs Gedächtnis, der Kindern hilft, sich an Gottes Wort zu erinnern:

„Gott ist treu." (1. Korinther 1,9)

 ## Aktivitäten:

Karten-Aktivität: Abrahams Reise

Bibel-Wortsuchrätsel: Gott beruft Abraham

Arbeitsblatt: Gottes Verheißungen

Arbeitsblatt: Auf geht's!

Arbeitsblatt: Sterne am Himmel

Arbeitsblatt: Drei Besucher

Arbeitsblatt: Kannst du Anweisungen folgen?

Malvorlage: Gottes Wort ist wahr

Frucht des Geistes-Banner: Treue

 ## Schlussgebet:

Beenden Sie die Stunde mit einem kleinen Gebet.

Abrahams Reise

Gott befahl Abraham, in ein neues Land zu gehen (1. Mose 12,1-5). Verbinde die Punkte, um seine Reise in das Land Kanaan zu verfolgen.

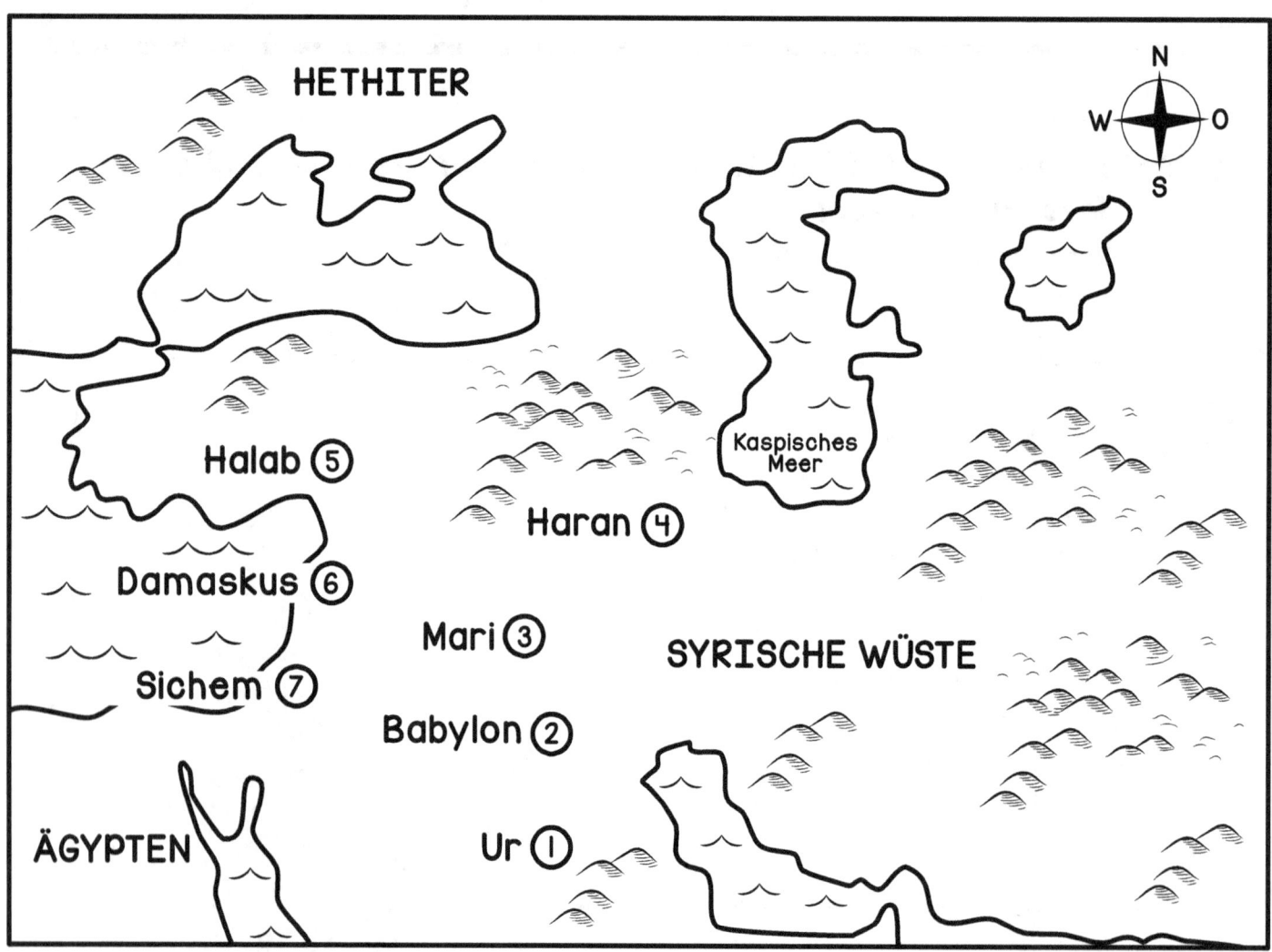

🌿 Gott beruft Abraham 🌿

Finde die Wörter aus der Liste unten und kreise sie ein.

```
H S L H J L F L
X A C Q K A B A
G R M M J V A N
G A Q E M Y U D
Q H P Q R I E O
S P S E G E N J
K A N A A N F U
G O T T V C A R
```

SEGEN   BAUEN
KANAAN LAND
SARAH   GOTT

Gottes Verheißungen

Gott versprach Abraham ein neues Land,
eine große Familie und den Segen für alle Menschen.
Zeichne die Wörter nach. Male die Bilder aus.

 Ein neues Land

 Eine große Familie

 Ein Segen für alle Menschen

Auf geht's!

Zur Zeit Abrahams benutzten die Menschen Karren, um Dinge von Ort zu Ort zu transportieren. Abraham nahm seine Familie und einige Habseligkeiten mit nach Kanaan. Was denkst du, hat er mitgenommen? Zeichne die Kreise nach.

Sterne am Himmel

Gott sagte zu Abraham: „Sieh doch zum Himmel und zähle die Sterne, wenn du sie zählen kannst! Und er sprach zu ihm: So soll dein Same sein!" (1. Mose 15,5)
Hat Gott sein Versprechen gehalten?

Zeichne Abrahams Nachkommenschaft. Benutze deine Fantasie!

🌿 Drei Besucher 🌿

Drei Männer kamen, um Abraham zu besuchen (1. Mose 18,2-8).
Waren es Menschen oder Engel?
Zeichne die drei Besucher außerhalb des Zeltes.

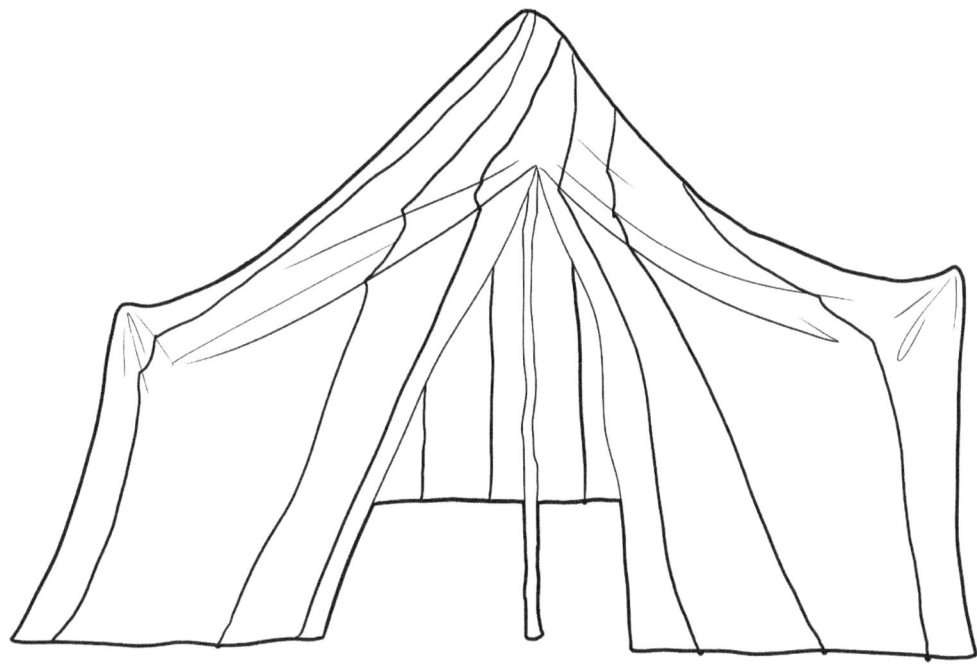

Kreise das Essen ein, das Abraham und Sarah den drei Besuchern gaben.

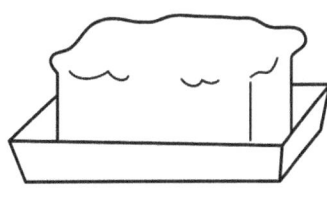
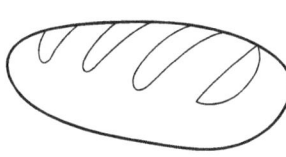

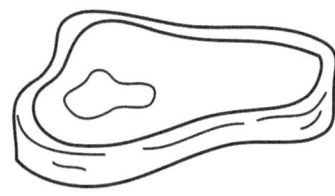

Kannst du Anweisungen befolgen?

Gott möchte, dass wir seinen Anweisungen folgen, um ihm treu zu bleiben. Höre auf deinen Lehrer und befolge die Anweisungen.

Zeichne die Wörter über den Händen nach.
Male die Fingernägel der rechten Hand grün an
Zeichne die Fingernägel der linken Hand gelb
Male die rechte Hand blau an
Male die linke Hand rot an

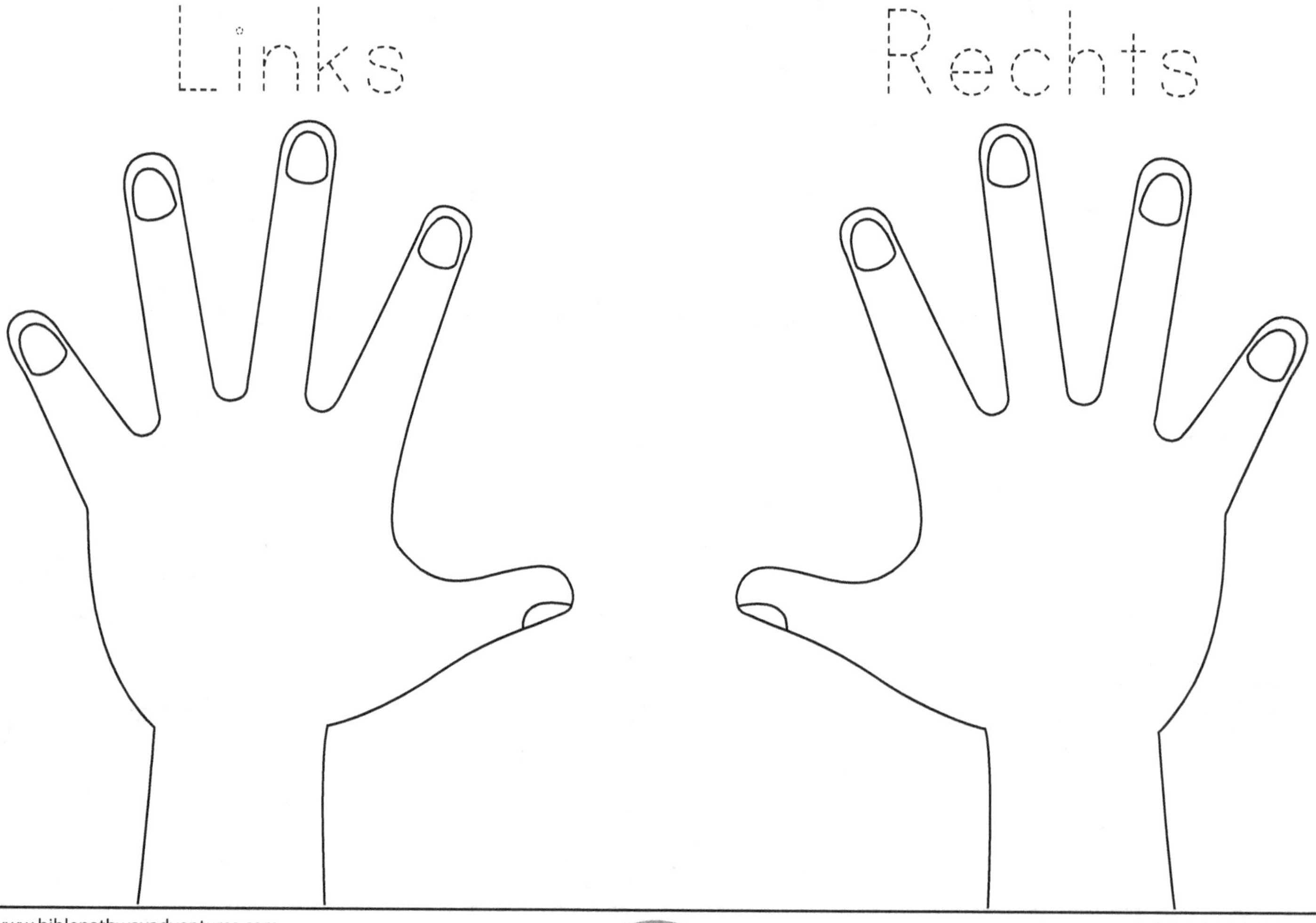

Links   Rechts

„Denn das Wort des Herrn ist wahrhaftig, und all sein Tun ist Treue."

(Psalm 33,4)

LEKTION 8 | Lektionsplan
Sanftmut

Lehrer/ in:_____

Die heutige Bibelstelle: 4. Mose 12,1-16

 **Willkommensgebet:**
Beten Sie ein einfaches Gebet mit den Kindern, bevor Sie mit der Lektion beginnen.

Lektionsziele:
In dieser Lektion lernen die Kinder:
1. Wie Mose sanftmütig war
2. Sanftmut ist Macht unter Kontrolle

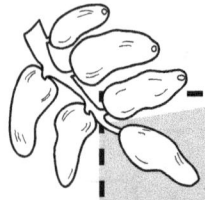

Wussten Sie schon?
Mose lebte 120 Jahre lang (5. Mose 34,7).

Übersicht zur Bibelstunde:
Mose war der Anführer der Israeliten. Es war eine harte Aufgabe, sich um die Menschen in der Wüste zu kümmern. Um die Dinge noch schwieriger zu machen, brachen Moses Bruder und Schwester (Aaron und Mirjam) eines von Gottes Gesetzen und redeten schlecht über ihn zu anderen Menschen. Mose sagte kein Wort. Er wartete darauf, dass Gott die Sache regeln würde. Bald kam Gott in einer großen Wolke herab und rief Mose, Mirjam und Aaron an die Tür der Stiftshütte. „Mose ist mein treuer Diener", sagte er. „Ich vertraue ihm." Er bestrafte Mirjam dafür, dass sie schlecht über Mose gesprochen hatte, indem er ihre Haut weiß machte – sie bekam eine schlimme Hautkrankheit! Obwohl Mose der Anführer war, war er ruhig und bescheiden. Er zeigte Sanftmut, indem er es Gott überließ, sich um das Problem zu kümmern. Sanftmut ist Macht unter Kontrolle.

Rückblick:

Fragen, die Sie Ihren Schülern stellen können:

1. Wer waren Mirjam und Aaron?
2. Wie erschien Gott außerhalb der Stiftshütte?
3. Was sagte Gott zu Aaron und Mirjam gesagt?
4. Wie bestrafte Gott Mirjam dafür, dass sie schlecht über Mose sprach?
5. Wie hat Mose Sanftmut gezeigt?

Ein Vers fürs Gedächtnis, der Kindern hilft, sich an Gottes Wort zu erinnern:

„Aber nicht so mein Knecht Mose: er ist treu..." (4. Mose 12,7)

Aktivitäten:

Arbeitsblatt: Leben in der Wüste
Arbeitsblatt zum Alphabet: M steht für Mose
Bibel-Wortsuchrätsel: Mein Knecht Mose
Arbeitsblatt: Aaron und Miriam
Arbeitsblatt: Die Stiftshütte
Arbeitsblatt: Halten, denken, sprechen!
Arbeitsblatt: Ursache und Wirkung
Malvorlage: Frucht des Geistes
Frucht des Geistes-Banner: Sanftmut

Schlussgebet:

Beenden Sie die Stunde mit einem kleinen Gebet.

Leben in der Wüste

In der Wüste lebten die Israeliten in Zelten.
Zeichne die Dreiecke nach.

Zeichne die Hügel und Zelte nach und male sie aus.

M steht für Mose

Mose war der Anführer der Israeliten. Er war sanftmütiger als alle Menschen auf der Erde (4. Mose 12,3). Zeichne die Buchstaben nach. Male das Bild aus.

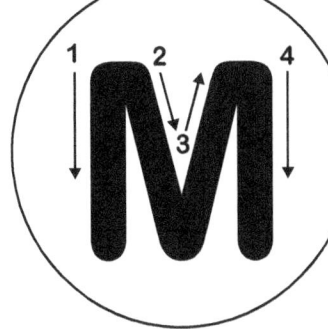
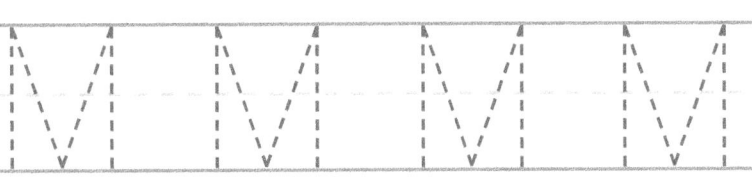

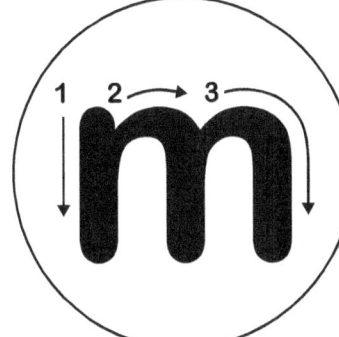
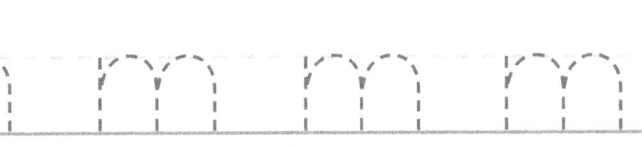

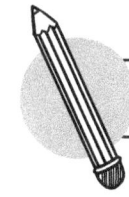
Zeichne den Buchstaben m nach

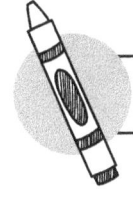
Male Mose aus

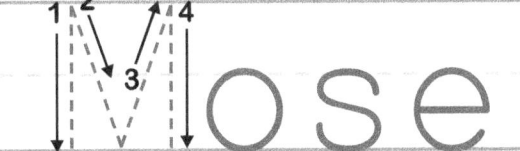

🌿 Mein Diener Mose 🌿

Finde die Wörter aus der Liste unten und kreise sie ein.

```
L I D E Y Q W W
U P I G K M O U
Z T E H O T L E
E W N W K Y K S
L T E E M X E T
T P R O U N E E
A D L A G E R A
M O S E O E Z I
```

ZELT   DIENER
WUESTE   MOSE
WOLKE   LAGER

🌿 Aaron und Mirjam 🌿

Mose hatte einen Bruder und eine Schwester. Kennst du ihre Namen? Zeichne Bilder von Aaron und Mirjam in die Kästchen. Schreiben ihre Namen auf die Zeilen darunter.

Aaron   Mirjam

Die Stiftshütte

Die Israeliten bauten in der Wüste ein besonderes Zelt, in dem sie Gott anbeten konnten. Kreise die Stiftshütte ein und male sie aus.

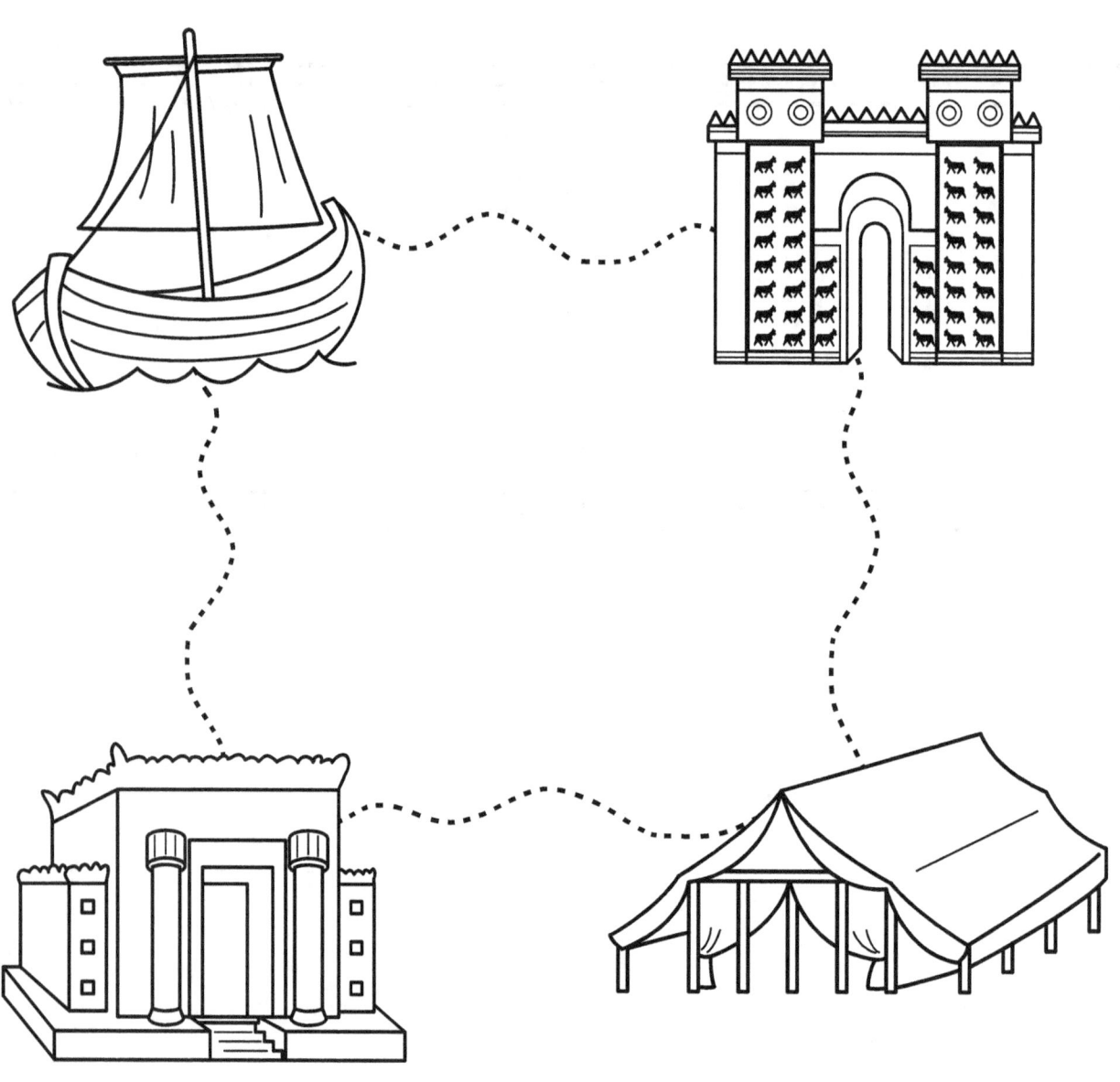

Halten, denken, sprechen!

Gott möchte, dass wir Acht geben auf das, was wir sagen und nicht schlecht über andere sprechen (3. Mose 19,16 und Sprüche 20,19). Erzieher: Lesen Sie mit dem Kind die Bibelverse und besprechen Sie, wie man „seine Zunge hüten" kann. Male die Ampeln aus.

Ursache und Wirkung

Erzieher: Lesen Sie 4. Mose 12,1-16. Erklären Sie den Kindern diese Geschichte. Als Mirjam schlecht über Mose sprach, brach sie eines von Gottes Gesetzen (3. Mose 19,16). Besprechen Sie, was mit Miriam geschah. Nehmen Sie eine Ursache und eine Wirkung aus dieser Lektion und lassen Sie die Kinder zwei Bilder zeichnen.

Ursache

Wirkung

„Die Frucht des Geistes aber ist Liebe, Freude, Friede, Geduld, Freundlichkeit, Güte, Treue, Sanftmut, Selbstbeherrschung."

(Galater 5,22)

LEKTION 9 | Lektionsplan
Selbstbeherrschung

Lehrer/ in:_____

Die heutige Bibelstelle: 1. Samuel 24,1-22

 **Willkommensgebet:**
Beten Sie ein einfaches Gebet mit den Kindern, bevor Sie mit der Lektion beginnen.

Lektionsziele:
In dieser Lektion lernen die Kinder:
1. Selbstbeherrschung ist die Kontrolle über unsere Handlungen und Worte
2. Wie David Selbstbeherrschung zeigte

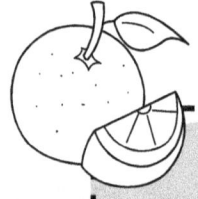

Wussten Sie schon?
Nachdem König Saul gestorben war, wurde David König der Israeliten.

Übersicht zur Bibelstunde:
David half den Israeliten, viele Schlachten zu gewinnen. König Saul war eifersüchtig auf David und wollte ihn töten. David war ein gesuchter Mann! Er rannte in die Wüste, damit Saul ihn nicht finden konnte. Als Saul auf der Suche nach David war, hielt er in der Nähe einer Höhle an und ging hinein. Aber David und seine Männer waren in der Höhle! Davids Männer sagten zu ihm: „Gott hat gesagt: Nimm deinen Feind und tu mit ihm, was du willst." David wollte nicht, dass seine Männer Saul etwas antaten. Stattdessen schnitt er ein Stück Stoff von Sauls Gewand ab. Nachdem Saul die Höhle verlassen hatte, ging David nach draußen und zeigte ihm das Stück. „Ich werde den von Gott erwählten König nicht töten", sagte er. David hätte Saul töten können, aber er tat es nicht. Selbstbeherrschung bedeutet, nein zu sagen zu Dingen, die nicht gut für uns und andere sind, und ja zu sagen zu dem, was gut ist.

Rückblick:

Fragen, die Sie Ihren Schülern stellen können:

1. Warum wollte König Saul David töten?
2. Wohin ging David?
3. Wer suchte nach David?
4. Was machte David mit König Saul in der Höhle?
5. Was sagte David zu König Saul außerhalb der Höhle?

Ein Vers fürs Gedächtnis, der Kindern hilft, sich an Gottes Wort zu erinnern:

„Gott hat uns nicht einen Geist der Furchtsamkeit gegeben, sondern der Kraft und der Liebe und der Selbstbeherrschung." (2. Timotheus 1,7)

Aktivitäten:

Arbeitsblatt: Gesucht!
Bibel-Wortsuchrätsel: Wo ist David?
Arbeitsblatt: Hilf David, die Höhle zu finden
Arbeitsblatt: Männer in der Höhle
Arbeitsblatt: Sauls Gewand
Arbeitsblatt: Drinnen und draußen
Arbeitsblatt: Ich zeige Selbstbeherrschung, indem ich...
Malvorlage: Selbstbeherrschung
Frucht des Geistes-Banner: Selbstbeherrschung

Schlussgebet:

Beenden Sie die Stunde mit einem kleinen Gebet.

🌿 Wo ist David? 🌿

Finde die Wörter aus der Liste unten und kreise sie ein.

```
W D E Q Z L H A
U X A V H V V H
E P D V M S S O
S D O F I D A E
T T F R Q D U H
E Z H O K Q L L
M A E N N E R E
V E R S T E C K
```

DAVID   VERSTECK
HOEHLE MAENNER
SAUL   WUESTE

Hilf David, die Höhle zu finden

David versteckte sich vor König Saul in einer Höhle (1. Samuel 24,3). Hilf David, die Höhle zu finden, indem du den Buchstaben d ausmalst.

Männer in der Höhle

David schnitt in der Höhle ein Stück von Sauls Gewand ab (1. Samuel 24,4). Zeichne die Buchstaben des Alphabets nach. Ergänze die fehlenden Buchstaben.

Sauls Gewand

David schnitt ein Stück von Sauls Gewand in der Höhle ab (1. Samuel 24,4). Zeichne das Wort „Gewand" nach. Kreise die Bilder ein, die mit dem Buchstaben g beginnen und male sie aus.

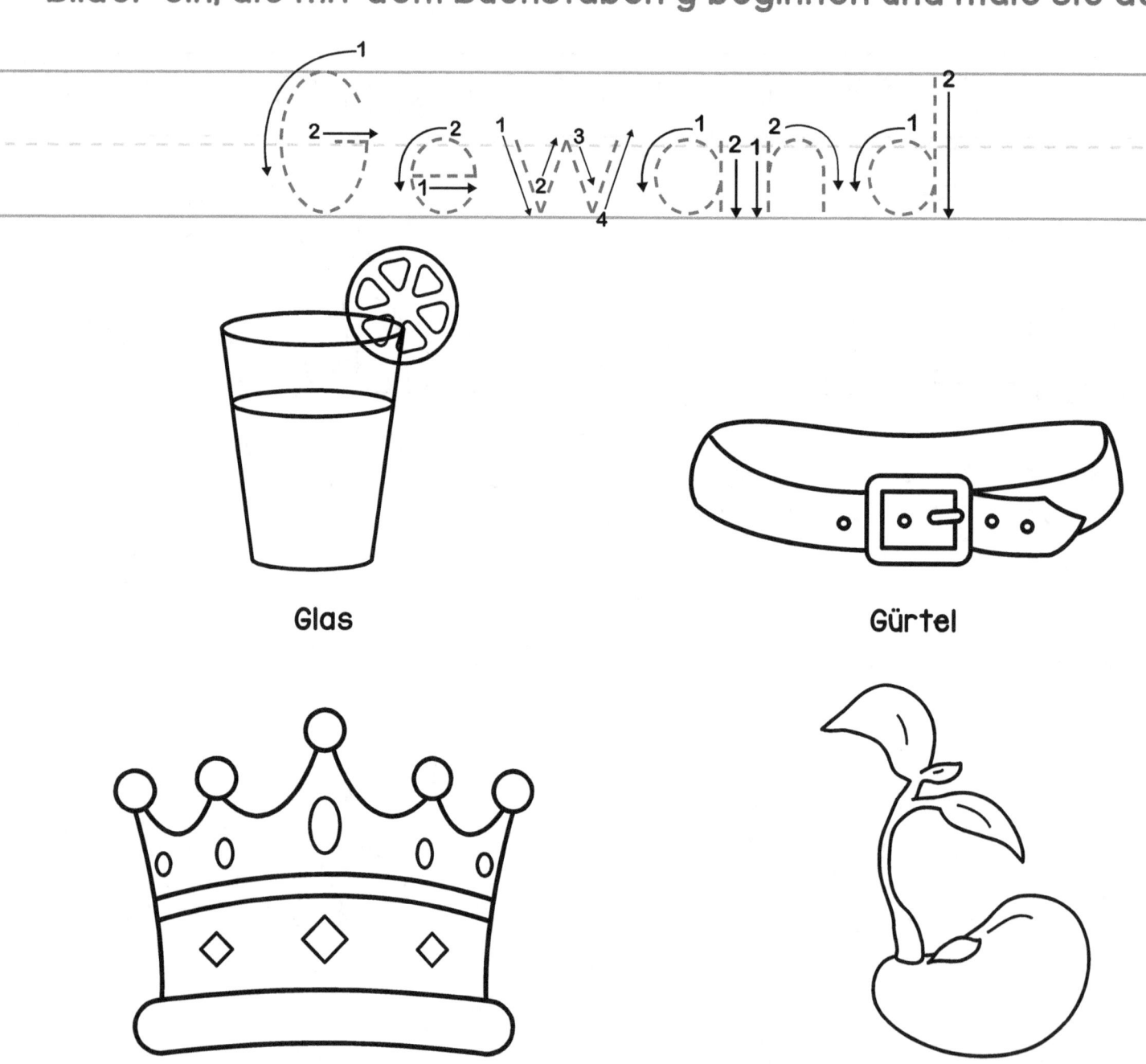

Glas

Gürtel

Krone

Samen

🍃 Drinnen und draußen 🍃

David schnitt innerhalb der Höhle ein Stück von Sauls Gewand ab. Er sprach mit Saul außerhalb der Höhle. Zeichne in die Kästchen unten Gegenstände, die du innerhalb und außerhalb deines Hauses findest.

Ich zeige Selbstbeherrschung, indem ich...

....

....

....

„Ich vermag alles durch den, der mich stark macht, Christus."

(Philipper 4,13)

Handwerk & Projekte

Ein Mobile basteln

Du brauchst:
1. Karton
2. Farbe, Filzstifte oder Buntstifte
3. Schnur
4. Schere (nur für Erwachsene)
5. Klebestift oder Klebeband
6. Hölzerne Stöcke

Anweisungen:

1. Bitten Sie die Kinder, die Früchte im Inneren der Kreise auszumalen.
2. Wenn die Kinder mit dem Ausmalen fertig sind, schneiden Sie die Teile des Mobiles aus und kleben sie auf dicken Karton. Warten Sie, bis der Kleber getrocknet ist.
3. Schneiden Sie die Teile des Mobiles vorsichtig aus.
4. Machen Sie in jedes Mobile oben ein Loch, knoten sie die Teile zusammen und befestigen Sie sie an einem Stück Holz.

ta-da!

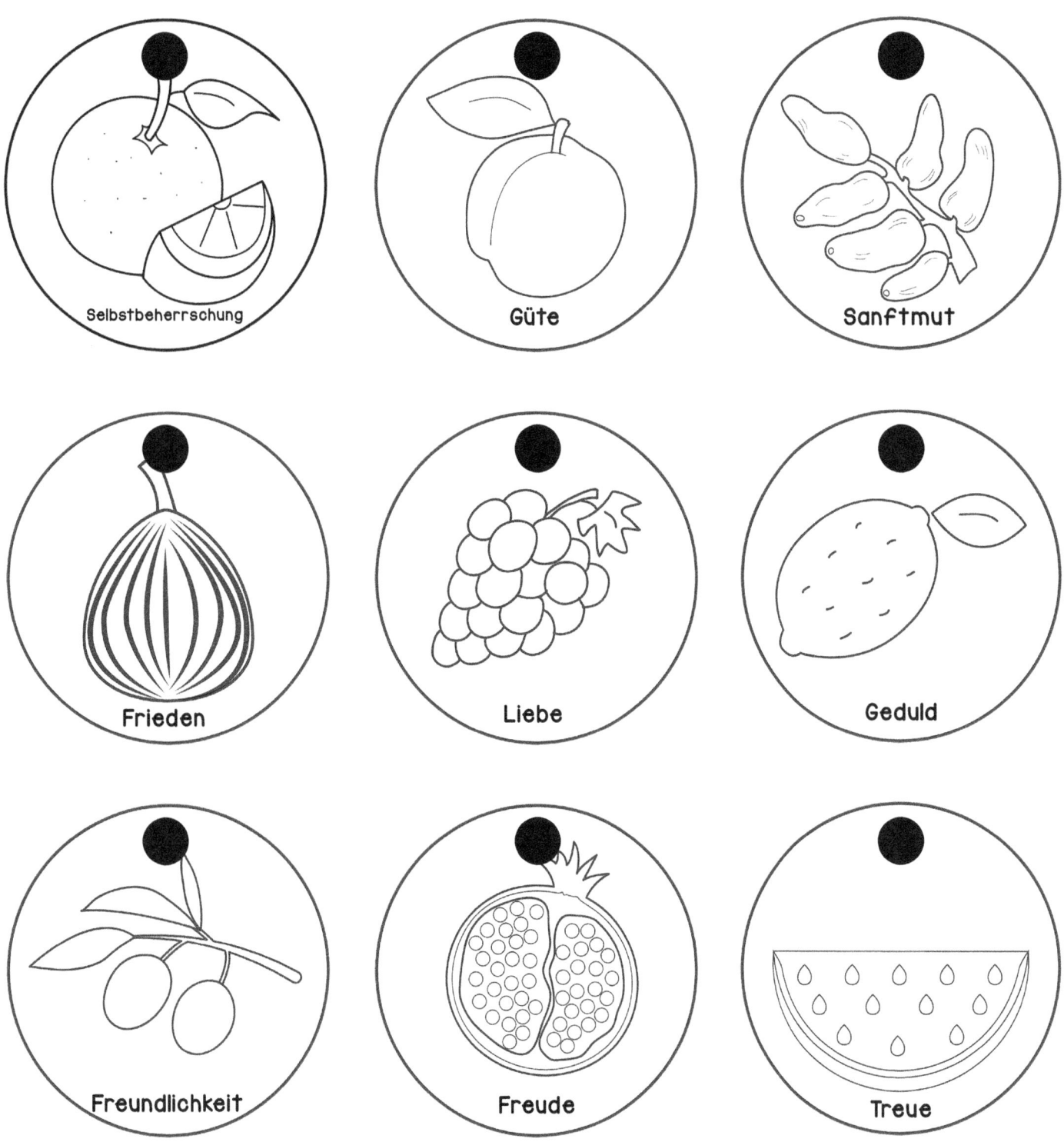

LÖSUNGEN

Lektion Eins: Liebe
1. Der Mann war auf dem Weg nach Jericho
2. Ein Priester und ein Levit
3. Ein Samariter
4. Zu einer Herberge
5. Indem er sich um die Wunden des Verletzten kümmerte, ihn in eine Herberge brachte und den Gastwirt dafür bezahlte, dass er sich um den Mann kümmerte

Bibel-Wortsuchrätsel: Der barmherzige Samariter

Lektion Zwei: Freude
1. Der Geist konnte die Zukunft voraussagen
2. Weil das Mädchen kein Geld mehr für sie verdienen konnte
3. Paulus und Silas beteten und sangen Loblieder
4. Der Kerkermeister wusch Paulus und Silas die Wunden, nahm sie mit nach Hause und gab ihnen zu essen
5. Paulus und Silas waren fröhlich. Sie konzentrierten sich auf Gott, indem sie beteten und sangen, was sie mit Freude erfüllte

Bibel-Wortsuchrätsel: Singen für Gott

Lektion Drei: Frieden
1. Babylon
2. Gott (Jahweh)
3. Gott
4. Gott sandte einen Engel, um die Rachen der Löwen zu verschließen, damit sie Daniel nichts anhaben konnten
5. Bitten Sie die Kinder, diese Frage zu beantworten

Bibel-Wortsuchrätsel: Daniel in der Löwengrube

Lektion Vier: Geduld
1. Josephs Brüder
2. Potiphar
3. Mit Gottes Hilfe erklärte Joseph dem Pharao die Bedeutung seiner Träume
4. Joseph wartete auf den von Gott gewählten Zeitpunkt, um ihn aus dem Gefängnis zu befreien
5. Bitten Sie die Kinder, diese Frage zu beantworten

Bibel-Wortsuchrätsel: Joseph in Ägypten

Lektion Fünf: Freundlichkeit
1. Kapernaum
2. Vier Männer
3. Weil das Haus voll von Menschen war und es keinen Platz mehr gab
4. „Deine Sünden sind dir vergeben." und „Steh auf und geh."
5. Indem er dem gelähmten Mann seine Sünden vergab und ihn heilte

Bibel-Wortsuchrätsel: Steh auf und geh!

Lektion Sechs: Güte
1. Josia war acht Jahre alt
2. Der Hohepriester
3. Josia riss Dinge nieder (z.B. heidnische Statuen und Altäre), mit denen die Menschen falsche Götter anbeteten
4. Pessach und das Fest der ungesäuerten Brote
5. Gott wird dich segnen, wenn du seine Gebote befolgst (5. Mose 28, 11-12)

Bibel-Wortsuchrätsel: Gott ist gütig

Lektion Sieben: Treue
1. Eine große Familie, ein neues Land und den Segen für die Menschen überall
2. Abraham ging in das Land Kanaan
3. Gott schenkte Abraham einen Sohn (Isaak)
4. Sarah war 90 oder 91 Jahre alt, als Isaak geboren wurde
5. Bitten Sie die Kinder, diese Frage zu beantworten

Bibel-Wortsuchrätsel: Gott beruft Abraham

Lektion Acht: Sanftmut
1. Moses Schwester und Bruder
2. Gott erschien in einer großen Wolke
3. Gott sagte zu Mirjam und Aaron, dass Mose sein treuer Diener sei und dass er ihm vertraute
4. Gott machte Miriam aussätzig (eine Hautkrankheit)
5. Mose wartete darauf, dass Gott sich um die Sache mit Mirjam und Aaron kümmerte

Bibel-Wortsuchrätsel: Mein Knecht Mose

Lektion Neun: Selbstbeherrschung
1. König Saul war eifersüchtig auf David
2. In die Wüste
3. König Saul und seine Männer
4. Er schnitt ein Stück Stoff von König Sauls Gewand ab
5. David sagte: „Ich werde dich nicht verletzen und den von Gott auserwählten König töten."

Bibel-Wortsuchrätsel: Wo ist David?

Weitere Übungsbücher entdecken!

Zu erwerben unter shop.biblepathwayadventures.com

SOFORT DOWNLOADS!

Frucht des Geistes – Übungsbuch
Die Jünger – Übungsbuch
Die Reisen des Paulus – Übungsbuch
Der Sabbat – Übungsbuch
100 Bibel Quizfragen – Übungsbuch
Hebräisch lernen: Das Alphabet – Übungsbuch
Lieblingsgeschichten aus der Bibel – Übungsbuch
Übungsbuch zu den wöchentlichen Thoraportionen

www.ingramcontent.com/pod-product-compliance
Lightning Source LLC
Chambersburg PA
CBHW081310070526
44578CB00006B/826